桑沢学園と造形教育運動

普通教育における造形ムーブメントの変遷

ZOKE

春日明夫　小林貴史

桑沢文庫9

桑沢学園と造形教育運動

普通教育における造形ムーブメントの変遷

目次

おわりに

はじめに

日本では、第二時世界大戦後新たな教育活動が展開する中で、美術教育もその実践と研究が様々な形で試みられてきた。しかし、戦後の美術教育の変遷を考えるとき、普通教育と専門教育、また学校教育と民間教育団体、これらを俯瞰した視点を持って、その関係性から美術教育が語られることは、あまり多くはなかったかもしれない。

本書では、この関係性を明らかにするために、その核として桑沢学園の教育活動とそこに関わる人々が、何を考え、どのように行動してきたかを丁寧にみていくこととした。そして、このことが戦後のみならず、戦前から今日に至るまでの美術教育の一つの側面に光を当てることに期待したのである。

桑沢デザイン研究所が、戦後のデザイン教育の発展に果した役割や影響が多大なものであることはいうまでもないことである。しかし、桑沢デザイン研究所と東京造形大学からなる桑沢学園全体が、普通教育（小学校・中学校・高等学校）における美術教育に対して、デザインや造形という観点から大きな影響を与えてきたことについてはあまり知られていない。特に、「教育課程」のガイドラインである図画工作科や美術科の「学習指導要領」における「内容」や「目標」に、「デザイン」や「造形」という領域や文言を加える一大ムーブメントを起こし、さらにそれらを図画工作科や美術科の正式な学習内容にまで発展させたことについてなど、一部を除いてほとんど知られていないのが現状である。つまり、現在の小・中・高等学校教育で当たり前に学習されている「デザイン」や「造形」の活動がここまで発展してきた背景には、初期桑沢デザイン研究所と初期東京造形大学の教育に関わった教員たちの努力と活動によるものが大きいのである。さらに、この両教育機関の教育に関わった主要な教員の多くが、民間美術教育団体である「造形教育センター」の発足に関わったことも忘れてはならない。

本書では、まず第一章において、日本のデザイン教育のルーツの一つでもあるバウハウス教育が、戦前の日本の美術教育にどのようなかたちで吸収されていったのか、そしてそこにどのような人物が関わっていたのかを見ていく。また第二章では、構成教育として取り入れられた理念と実践が、戦後あらためて民間美術教育運動の中から再生していく過程を勝見勝の思想と造形教育センターの活動をもとに追うこととした。そして第三章においては、桑沢学園が普通教育における造形教育に与えた影響について、桑沢デザイン研究所の活動を軸に当時の文献や資料をもとに明らかにし、さらに東京造形大学と造形教育センターの活動に関わる人物の相関を明らかにしていくことよって、戦後の造形教育の展開について考察していくものとした。

第一章

日本の造形教育運動の夜明け

——バウハウスの予備課程と日本の構成教育

小林貴史

コムポジション。『構成教育による新圖画』の図版より

第一節　バウハウスの教育

一、ワルター・グロピウスとバウハウスの設立

バウハウスは、一九一九年にドイツ・ワイマールにて開学され、その後、デッサウ、ベルリンへと校舎を移し、一九三三年に閉校する。その間わずか十四年間である。しかし、バウハウスの活動が世界に与えた影響は、あまりにも大きなものである。そして、それは造形教育の一つのあり方として、教育の様々な分野において今なお生き続けている。

このバウハウスの設立に関しては、それ以前のドイツ工作連盟の活動について触れないわけにはいかない。ドイツ工作連盟の中心人物となるヘルマン・ムテジウス（一八五七〜一九四一）は、ロンドンのドイツ大使館に駐在中にイギリスの建築や工芸から多くを学ぶ。そしてそこにあったのは、即物的なデザインの美しさであり、機械肯定の精神であった。ムテジウスは、帰国後ドイツの建築や工芸を近代化するために、イギリスの建築家や工芸家をドイツの工芸学校に招くなど、自らの主張を行動に移す。このムテジウスの考えに対しては、熱烈な支持とともに反対がおこった。そして、この中でムテジウスを中心とするグループが生まれ、一九〇七年にドイツ工作連盟としてその結成が宣言される。ドイツ工作連盟の運動は、「良

質製品」を合言葉とした工業製品の良質化を目指したものであった。その思想は機関誌「フォルム」や年鑑の発行、展覧会の開催などを通してヨーロッパ各地に紹介された。そして、このドイツ工作連盟のメンバーの一人に若きワルター・グロピウス（一八八三〜一九六九）がいたのである。

グロピウスは、工作連盟において吸収した様々な思想をもとに、自らの理想を実現するべくバウハウスを設立したともいえる。つまり、新たな造形運動の展開において、そこに造形教育の必要性を感じ取っていたのであろう。インダストリアル・デザイナーの向井周太郎は、その著書『生とデザイン　かたちの詩学』の中でバウハウスをジョン・ラスキンやウィリアム・モリスの美術工芸運動からアール・ヌーヴォー、ドイツ工作連盟へと至る近代造形運動の精神を引き継ぐプロジェクトであったとしている。そして、その独自性として近代デザインのひとつの様式としてだけではなく、新しい人間像の形成を目標とした学校教育という場を介したプロジェクトであったことを指摘している。この教育システムとしての姿は、その後バウハウスでの活動が、世界にそして日本に伝播していく中で重要な意味を持ってくるといえよう。

一九一九年四月、グロピウスは、バウハウス宣言をドイツ全国へむけて発表した。そこでは、新しい学校の基本方針と目的を次のように述べている。

完全な建築が視覚芸術の最終目標である。視覚芸術の高貴な機能はかつて建築を飾ることにあった。今日それらは分離した状態にあり、そこからすべての手工家の意識的な協力の努力を通してのみ救済されうる。建築家、画家、彫刻家は改めて実体としての建築の総合的性質を認識しなければならない。その時かれらの仕事にも《サロン芸術》として失われていた建築精神が浸透するであろう。
建築家、彫刻家、画家、われわれはみな手工芸に戻らねばならぬ。芸術は《職業》ではない。芸術家と手工芸家の間に本質的な相違はない。芸術家は高揚された手工芸家である。まれな霊感の瞬間、自己の意思を超えた瞬間、天の恩寵がかれの作品を芸術に開花せしめよう。しかし手工の熟達はすべての芸術家に不可欠である。そこに創造的想像力の源泉がある。
手工芸家と芸術家との間に傲慢な壁を築いている階級的差別を排した、手工芸家の新しいギルドを創ろう。われわれはともに建築と彫刻と絵画を統一にもたらし、いつの日か多くの労働者の手から天へ向かって新しい信条の結晶した象徴のように立昇る、未来の新しい建築を構想し創造しようではないか。（＊1 ギリアン・ネイラー　利光功訳『バウハウス　近代デザイン運動の軌跡』四六頁、PARCO出版、一九七七年）
この宣言の中でグロピウスは、芸術家と職人がともに力を合わせて未来の新しい建築を創り上げていこうと呼びかけている。デザイン評論家であり、第二章でふれる造形教育センターの創立に尽力した勝見勝（註1）は、グロピウスが学校の名称としてバウハウスという言葉を選んだ背景について、中世ゴシック時代の大工・石工・彫刻師・絵師・画工などの工作集団であった「バウヒュッテ」の理想像があったのかもしれないと指摘している。さらに、グロピウスがバウハウスに求めたものは、ルネッサンスの巨匠たちが、画家であるとともに、彫刻家でもあり、デザイナーでもあったように近代の分業化した美術家ではない「完全な造形芸術家」といえるものであろうとしている。つまり、グロピウスは近代社会が分業化され、専門化されていくことに抵抗し、バウハウスの教育において様々な造形芸術の交流を図ろうとしていたのである（＊2）。バウハウス宣言の表紙にはライオネル・ファイニンガーの大聖堂の版画が刷られている。その聖堂の先端には、あたかもバウハウスの教育理念を象徴するかのように絵画、彫刻、建築の三つの芸術を表す光が交錯している。

二、バウハウスの教育システムと予備課程

ワイマールに開校したバウハウスでは、指導者には従来の教授の称号に代わって「親方（マイスター）」の呼称が用いられた。これは中世のギルドの用語である。そして、生徒たちは「徒弟（レーアリンク）」と呼ばれ、やがて「職人（ゲゼレ）」や「若親方（ユングマイスター）」に昇進することができた。ここでは、造形教育を単なる内容の伝授とはしないで、親方から徒弟までを含めた共同体からなる教育システムとして捉えていたのである。

註1　かつみ　まさる、一九〇九―一九八三年、美術評論家、東京帝大卒。

＊2　勝見勝「バウハウスの造形精神」『現代デザイン入門』七〇頁―七一頁、鹿島出版社、一九六五年

グロピウスは始めに三人の芸術家をマイスターとしてバウハウスに招聘する。画家のライオネル・ファイニンガー（一八七一〜一九五六）、彫刻家のゲルハルト・マルクス（一八八九〜一九八一）、そして教育家であり画家であるヨハネス・イッテン（一八八八〜一九六七）である。この中のイッテンは、一八八八年スイスのジューデレン・リンデンに生まれ、国民学校の教師を務めた後、さらにベルン大学で数学、自然科学を学び、ウィーンでは個人の美術学校を開くなどの経歴を持つ。イッテンは、バウハウス教育における予備課程（基礎課程）を担当した。バウハウスの教育プログラムは、グロピウスが一九二二年の校則で発表した図式からもわかるように、一番外側が入学して最初に受ける半年間の予備課程の輪である。そして、その内側の二つの輪は三年間の工房作業と形態授業について示している。中心部分の円形には最終の段階である建築教育が位置づけられている。この教育プログラムにおいて予備課程はその根幹をなすものであり、それを担当するイッテンのバウハウスにおける影響力は大きなものであった。

イッテンは、自らの教育理念の源泉について著書『造形芸術の基礎――バウハウスにおける美術教育』において次のように述べている。

私が、最初に教育学的洞察力を授けられたのは、高等師範学校（教員養成所）の若く、そして寛容な校長先生のおかげであった。彼は子供たちがその天真爛漫な素朴さのうちに、素晴らしい独創的な描画、作文、唱歌などを創作することができることを、私に啓示したのである。一九〇八年、スイスのベルンで私ははじめて小学校の教師として教鞭をとった時、私は子供たちの何物にもとらわれない、純真無垢な態度を掻き乱すおそれのあるすべてのものを排除することに努めた。殆ど本能的に、私は次のような事実を悟ったのであった。すなわち、あらゆる批評や訂正というものが、子供たちを傷つけ、その自然な活動をそこなうものであり、子供たちがなし遂げた仕事を称賛し激励することこそ、その能力の発達を促すものであるという事実を認識し得たのである。（＊3 ヨハネス・イッテン 手塚又四郎訳『造形芸術の基礎』七頁〜八頁、美術出版社、一九七〇年）

そして、さらに教育者のあるべき姿についてもこう述べている。

人間活動のいかなる領域においても、およそ天賦の才能というものが、教育の場におけるほど決定的な意義をもつことはないであろう。しかも才能ある教育者だけが──それは教育に対して天賦の才能をもつ人を意味するのだが──すべての人間が秘めている人間性の名状しがたい驚異を尊重し、それを保護するであろう。人間尊重こそすべての教育のはじまりであり終わりである。教育は一つの大胆な冒険的事業であり、特に美術教育においてそうである。なぜならば、それは人間の創造力を見つめて行うものだからである。人間性を知ること──人間性に対する直感的理解が、真の教育者にとって不可欠な才能であると私には思われるのである。つまり教師は、生徒に自然に備わった天稟（素質）と性格を認識し、その才能を発達させることができなければならないのである。生徒たちにただ所定の授業計画をあてがい、仲介的な指導法だけを頼りにする教師たちは、あたかも与えられた処方箋にしたがって薬を売る錠剤販売人のようなもので、それが医師ではないのと同様に真の教育者ではない。（＊4ヨハネス・イッテン　手塚又四郎訳『造形芸術の基礎』〈前掲書＊3〉八頁〜九頁、美術出版社、一九七〇年）

このようなイッテンの教育に対する考えは、バウハウスの予備課程における指導にも反映されたことがうかがえる。イッテンは、一九二二年にバウハウスの作品展覧会のカタログの中で、予備課程のねらいについて次のように述べている。

　この課程は学生の創造力を解放し、学生に自然の素材について理解させ、視覚芸術におけるすべての創造活動の基礎となっている基本原理を熟知せしめることが意図されている。すべての新入生は多くの溜め込んだ情報で窒息しそうになってやって来るが、そういったものは本当に自分自身の知覚や知識に達するには棄てなければならない。たとえば木で工作しようとするならば、その材料を完全に知らなければならないし、木に対する感情を持たねばならない。また他の材料、石やガラスや羊毛に対する関係を理解しなければならない。その結果これらの材料の相互の関係が明白になるように結合し組み合わせて作業をするのである。

　準備的課業はまた材料の正確な描写を含む。もしも学生が木片を細部にわたって自然に忠実に描くならば、材料を理解するのに役立つだろう。またボッス、マイスター・フランケ、グリューネヴァルトのような昔の巨匠作品も形の研究の教材になり、予備課程の欠かせない部分である。この教育は学生が種々のリズムの調和的関係を感受し、ひとつあるいはいくつかの材料を用いてその調和を表現できるようにしようとするものである。予備課程は学生の全人格にかかわる。なぜならばそれは学生を解放し、自分の足で立てるようにし、直接的経験を通して材料と形の知識を持てるようにするからだ。

（＊5 ギリアン・ネイラー　利光功訳『バウハウス　近代デザイン運動の軌跡』〈前掲書＊1〉五八頁～五九頁、PARCO出版、一九七七年）

以上のようなねらいのもと、イッテンは授業を自然研究・素材研究、歴史上の名匠の分析、人体デッサンの三つに大きく分類し、実践した。イッテンが初期のバウハウスにおいて果した影響力は、当時の学生たちのイッテンへの信奉の姿からもうかがい知ることができる。そして、基礎的探求を中心に広い視野を持って造形を捉えたイッテンの功績はその時代にとどまることなく、今日に至るまでの造形教育に対する影響力を見てもあらためて重要なものであったといえる。

しかし、イッテンはその後、グロピウスとの教育の実践的な方法における意見の違いから、一九二三年自ら辞職願を提出しバウハウスを去ることとなる。そして、その後を受けて予備課程を担当したのは、その年にバウハウスに赴任したラスロ・モホリ＝ナギ（一八九五～一九四六）とヨーゼフ・アルバース（一八八八～一九七六）であった。特に予備課程と金属工房の主任として採用されたモホリは、グロピウスの意を受け、やがて最も重要な協力者となっていく。グロピウスは、モホリの著書『ザ ニュー ビジョン』の序において次のように述べている。

モホリは、バウハウスを築き上げていく上で、もっとも力のあった同僚の一人だった。バウハウスが達成したものの多くは彼の功績による。バウハウスの与えたさまざまな芸術上の機会は、モホリのような多才で万能的な性質を、特に刺激したに相違ない。彼は、たえず新しい理念を発展させた。それによって、彼自身はもとよりバウハウスも大いに伸びた。（＊6 モホリ＝ナギ 大森忠行訳『ザ ニューヴィジョン』一二頁、ダヴィット社、一九六七年）

モホリ自身も、同著書においてバウハウスの教育についてこう述べている。

グロピウスは、芸術家を国民の日常的な仕事に復活させた。その結果は驚くべきものであった。一体となった芸術と科学の作業訓練―道具と、基本的な機会の使用―。および進歩的な芸術とテクニック。新しい材料の発明。そして、新しい構成方法などに、たえず密接な関係をもって、バウハウスの教授と学生は、大量生産に決定的な影響力をもつデザインを創り出し、日常生活に新生面を開いたのである。チューブ状の家具、近代的な照明器具、実用的な家庭用品、新しい型の金物類、電気用品、織り物、新しいタイポグラフィ、近代的な写真などは、このバウハウス運動の機能的所産であった。（＊7 モホリ＝ナギ 大森忠行訳『ザ ニューヴィジョン』〈前掲書＊6〉四四頁、ダヴィット社、一九六七年）

バウハウスの教育は、イッテンからモホリ＝ナギへと予備課程の担当が代わるのとおなじくして、表現主義的なものから構成主義的、合理主義的なものへとそのカリキュラム内容も変わっていった。このようにバウハウスでは、試行錯誤を通してその教育のあり方が模索されていったが、その教育システムの中で予備課程において実践された内容は、広くその後の造形教育の場に取り入れられていくこととなる。

第二章にて詳しく述べる造形教育センターの設立に尽力した高橋正人は、工業技術院産業工芸試験所で編集されていた『工芸ニュース』の中で、予備課程の重要性について次のように述べている。

この基礎教育は、芸術上の一つのスタイルや、表現方法や、また技術の習得ではなく、人間の造形活動の根本に深く根ざし、全人としての創造的発展を目的とするものであるから、デザイナーや、建築家だけでなく、あらゆる種類の造形芸術家—画家・彫刻家・写真家・舞台美術家等に、現代的な能力を与えることに役立つものであり、また、このような意味からこれは、専門家でない一般人の造形的感覚や、能力の発達に非常な力となるものである。（＊8 高橋正人「構成教育—デザインの基礎—」『工芸ニュース（九月号）』三二頁、丸善株式会社、一九五四年）

日本においても、戦前、戦後を通して、構成教育が造形教育に浸透していった土台には、高橋の言葉にあるような予備課程に対する理解と共感が、人々の間にはあったと考えられる。しかし、同時にそれは、時代の急激な変化の中で翻弄されることともなるのである。

第二節　バウハウスから日本の構成教育へ

一、川喜田煉七郎と新建築工藝学院

バウハウスに学んだヨーロッパ、アメリカをはじめとした世界各国の学生は、そのワイマールでの開校からベルリンでの閉校までの間、約一〇〇〇人以上にのぼったといわれている。彼らを通してバウハウスでの教育が広く世界的に影響を与える中で、日本ではそれをどのように吸収し実践していったのであろうか。

日本人として、最も早い段階にバウハウスと接触した人物に仲田定之助（註2）がいる。仲田は、大正十二年（一九二二）、渡航の際に同船した分離派建築会の石本喜久治に誘われてバウハウスを訪問することになったといわれている。つまり、留学に際して、当初はバウハウスを訪れることを目的とはしていなかったのである。しかし、帰国後、仲田は各誌上にて文章と写真によるバウハウス紹介を活発に行っている。そのひとつに『工芸時代（第二巻第一号）』（図1）に掲載された「バウハウスを語る」（図2）がある。ここでは、対話形式の表記を用い、質問に答えるかたちでバウハウスについて述べている。その内容は、バウハウスの創立から教育の理念、教育課程に至るまでを、平易な言葉で具体的に書かれている。その中

で、仲田は、バウハウスをドイツにおける構成主義的傾向をとった創造的形成の教育を授ける唯一の学校でありラボラトリーであると答えている。そして最後は、日本にもこうしたバウハウスのようなものが欲しいという言葉で締めくくられている。ここでバウハウスは、教育機関、そして研究機関として日本に伝えられたのである。まだ日本国内ではその実態が十分に理解されていなかったバウハウスについて、このようなかたちで紹介されていったことは、当時の工芸教育に携わる人々に大きな刺激と影響を与えたことが推測される。ちなみにこの『工芸時代』の表紙のデザインには、バウハウスの織物が用いられている。

その後、バウハウスで実際に学んだ日本人には、水谷武彦、山脇巌・道子、大野玉枝の四名がいた。水谷は、昭和二年（一九二七）から昭和四年（一九二九）まで、山脇夫妻は昭和五年（一九三〇）から昭和七年（一九三二）までの間、デッサウのバウハウスに留学している。勝村等の作成した資料「日本にお

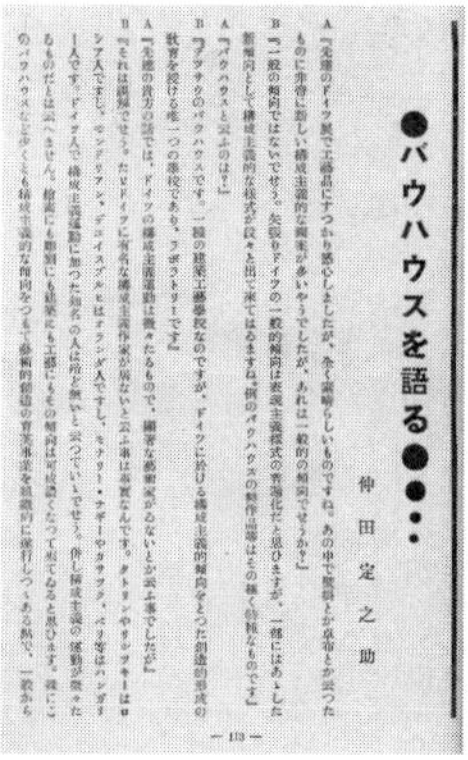
●バウハウスを語る●●・・
仲田定之助

図1「工芸時代」第二巻第1號表紙、昭和二年（一九二七）（上）
図2 仲田定之助「バウハウスを語る」（一部）（下）

註2 なかだ　さだのすけ、一八八八～一九七〇年、後に実業家として昭和鉱石綿社長。錦城中学中退。

るバウハウス教育の伝播」によると、彼らも留学中ならびに帰国後を通して、バウハウスとその教育についての報告を美術・建築雑誌等において頻繁に行っていたことがわかる。以下に発表順にそれらをあげる。

・水谷武彦「新興独逸とバウハウス」『アサヒグラフ』一九三〇年四月〔図3〕
・山脇　巌「バウハウスと〈建築に対する主張〉」『アトリエ』一九三〇年八月
・山脇　巌「バウハウスを去るハネス・マイヤー氏は謂う」『国際建築』一九三〇年一〇月
・山脇　巌「バウハウス近況」『建築新潮』一九三〇年一〇月
・水谷武彦「バウハウスはどこにあるのか？　その組織は？　そして〈バウハウスのデッサン（絵画素描）について簡単に〉」『東京美術学校校友会月報』一九三〇年十一月
・水谷武彦「バウハウスの工作教育（WERKLEHRE）」『美学研究』第五輯一九三一年六月
・山脇　巌「バウハウスの閉鎖について＝DER SCHLAG GEGEN DAS BAUHAUS＝」（国際建築）一九三二年十二月
・山脇道子「バウハウスの織物について」（国際建築）一九三三年六月

東京美術学校建築科助教授の水谷武彦（一八九八～一九六九）は、前記の「新興独逸とバウハウス」の中で、バウハウスを「構成のための学校」として紹介している（註3）。そして、バウハウスでは造形的な生活課程の構成を合理化すること、つまり人間がなし得る構成の範囲（建築、造形芸術、舞台構成等をは

第四十卷第十五號　ASAHIGRAPH　昭和五年四月九日　14

趣味講座

新興獨逸とバウハウス

水谷武彦

寫眞說明

Some aspects of the so-called "rationalization" activities in Germany are shown in these photos.

図3　「アサヒグラフ」第40巻第15号、昭和5年(1930) 4月9日

じめ、家具、織物、印刷物、写真等に至るまで）を合理化し有機化することが目的であると述べている。さらに予備科（予備課程）について触れ、バウハウスには、他の専門学校のような初歩的な技術の手ほどきを目的とした専門に別れた予備科は存在しないとしている。予備科は一つであり、将来別々の工場特殊教育（工房）に進む者も同じ予備教育を受けるシステムに、バウハウス教育の特殊な重い意味を見いだしているのである。そしてその目的は、すべての構成の基礎を共通にして一致させることによって、あらゆる生活をより有機化すること、つまり、それまでばらばらであった建築、芸術、そして応用芸術を連絡のある一つの生きた関係に導くことにあるのだと強調している。また、この誌面では、バウハウスの教育システムと社会との関係を図で示したり、多くの写真を掲載したりするなど、一般情報誌としてはかなり具体的にバウハウスでの教育の様子が紹介されているといえる。

このように水谷をはじめとした彼らの活動とともに、帰国した水谷のアドバイスを受け、昭和六年（一九三一）、新建築工藝研究講習所（昭和八年に新建築工藝学院に改称）を開校した人物に川喜田煉七郎（註4）がいた。川喜田は、東京高等工業学校付設工業教員養成所（蔵前高等工業学校）の建築科出身で、分離派建築学会に所属し、雑誌『建築新潮』、『建築工藝アイ・シー・オール』の編集にも携わりながら、新建築工藝学院においてバウハウスを参考にした教育活動を展開していくのである。そして、この新建築工藝学院には、この後日本の構成教育を推進することとなる人々が研究生として学んでいた。図画教員であった武井勝雄（一八九八〜一九七九）、間所春（一八九九〜一九六四）、そして、戦後、桑沢デザイン研究所を創設し、東京造形大学学長となる桑澤洋子（一九一〇〜一九七七）らもその一員であった。桑澤は、後年、新建築工藝学院での日々を振り返って次のように述べている。少し長くなるが、当時の授業の様子がより具体的に書き記されている貴重な文章なので、あえてここで引用したい。

昭和八年春、私が訪ねた銀座のめずらしい夜学とは、西七丁目にある汚い木造建ビルの三階の一室であった。表看板には、川喜田煉七郎建築事務所となっている。つまり、昼は建築事務所で、夜に研究所になる。研究生は、男がほとんどで、二十名位だった。

私は、新しい絵や建築や商業美術の基礎を勉強する研究所だ、というだけで、なんの予備知識もなくのぞいた第一夜の授業は、私を驚かすのにじゅうぶんだった。

川喜田先生とおぼしき肥った先生が、まず、バケツ、洗面器、あるいはその辺にある木の台をがんがんたたく、あるいはポンポンたたく、そして、今のリズムをあなたの感じたままに画用紙の上に鉛筆で表現してごらん……、というのである。私は、ただ目をみはるばかりで、いっこうに鉛筆が動かなかった。

註3　水谷は、ドイツからの帰国後、東京美術学校建築科において「構成原理」の授業を担当した。

註4　かわきた　れんしちろう、一九〇二〜一九七五年、建築家、昭和五年ウクライナのハリコフ劇場建築国際設計コンペ入選。

話によると、川喜田先生は、ソ連ハリコフの四千人劇場の国際的設計懸賞募集に参加し、三重廻りのコマ劇場の設計を出品して入賞したという新鋭建築家であるときいた。そして新しい造形教育の必要性を感じて、商店建築を商売にする傍ら、この夜学をしているということであった。

私は、勤めの帰りに、なにがなんだかわからず、いそいそと研究室に通った。第一日目の授業で度ぎもをぬかれてから、興味しんしんたるものがあった。

授業の内容もだんだんとわかりやすくなってきた。具体的にいうと、鉛筆で、白からグレイそして黒などの明暗の段階をかかせる、あるいは色をぬらせる。そして、それを構成させる。川喜田氏の解説のしかたは独特で、例えばトンツー、ツーツーという、つまり、黒と白、あるいは赤と緑というコントラストの調子をトンと表現し、淡グレイから中間のグレイそして黒、あるいは、淡い青、青、濃青といった、おだやかな色調が並べられた場をツーという表現で説明するなど、なかなかユーモアがあり、わかりよかった。

教育の内容をさらにいいかえれば、造形感覚の要素である。色彩、点、線、面、テクスチュアなどの素直な理解からはじまっての構成練習、そしてその発展の応用練習、例えば、写真や色紙の切り抜きによるコラージュ、割箸による立体の構成練習という、造形一切の基礎訓練である。

いずれにしても、立派な建築技師のような年配の研究生もいたが、幼稚園の生徒になったような無邪気な気持で勉強がつづけられていったのである。

だんだんと通っているうちにわかってきたが、この川喜田氏のやっている教育システムは、その頃から数えても十数年以前の一九一九年に、ドイツの建築家のグロピウス氏がワイマールに創立した国立建築工芸所、すなわち、バウハウスの指導システムであった。（＊9 桑澤洋子『ふだん着のデザイナー』五九頁―六一頁、学校法人桑沢学園、二〇〇四年、〔原発行・平凡社、一九五七年〕）

この桑澤の文章からもわかるように、新建築工藝学院での授業は、まさにバウハウスの予備課程の授業内容を参考としたものであった。このようにドイツ・ワイマールからスタートした教育の一端は、水谷を経由し、川喜田の手により日本における構成教育としてその実践的な芽を開いていったのである。そして、桑澤自身も研究所での活動をきっかけとして、その後のデザイン教育、造形教育を担う一人としての自らの方向性を見極めていくことになるのである。桑澤は、昭和八年（一九三三）の秋にはそれまでの勤めをやめ、川喜田の斡旋によって建築雑誌『住宅』の取材記者となる。また、仕事の傍ら川喜田の事務所で『建築工藝アイ・シー・オール』の編集をはじめ、いろいろな仕事を手伝うようになっていった。

二、『構成教育大系』と『構成教育による新圖画』

桑澤洋子が、その当時に関わった一番大きな仕事として、『構成教育大系』の編集の手伝いがあった。

この『構成教育大系』〔図4〕は、川喜田と永田町小学校教員であった武井勝雄との共著によるものだった。この本は、五一八頁にも及ぶ大著であり、バウハウス教育における教材の紹介や児童を対象とした実践例等を内容としたものである。

ここで著者となった武井は、これ以前にも、図画教育が自由画教育運動によって大きく進歩したことを認めつつ、教育現場が写生に終始し、行き詰まりに陥っていることを指摘していた。昭和二年（一九二七）に『中央美術』にて連載された「創作圖案教育を振興せよ」（註5）の中では、その打開策として図案教育の必要性を説き、それによって図画と手工の見直しを図ろうとしている。また、従来の図案教育が狭義に理解されていたことを反省し、図案が子ども自らの生活を美化するものでなければならないと述べている。そのような武井は、その後構成教育と出会い、自らが構成教育をリードしていくようになるのである。戦後、武井は『美育文化』誌上における座談会「バウハウスと構成教育」にて、当時を振り返って発言している。それによると、武井がバウハウスという名前とその教育システムを知ったのは、昭和六年頃、水谷武彦による講習会であった。そして、その後前述した新建築工藝学院に学ぶことをきっかけに、バウハウスの教育を一般の教育界に広げていくことを目的として『構成教育大系』を執筆することとなるのである。また、この座談会で武井は、勝見勝とのやりとりの中で、構成教育がバウハウスの教育における予備課程にあたるものであることを確認している。

構成教育が専門教育から図画・工作教育へそのすそ野を広げていった経緯については、川喜田が学校美術協会の『学校美術』に多くの論文を発表、「構成教育」の連載を行い、また同会主催の図案指導講習会に講師として参加したことなどが、その要因としてあげられている。ちなみに『構成教育大系』も学校美術協会出版部から発行されている。この学校美術協会からは、後に後藤福次郎が中心となり、昭和十三年（一九三八）二月にそれまでの図画科と手工科を統合して「構作科」の設置を要望する「構作科設置案」が出されている。

また、当時の小・中学校の図工の教師を養成する師範教育において、山本鼎の自由画教育にあきたらなかった人々、特に工作教育畑の人々が、バウハウスのモホリ＝ナギの整然としたカリキュラムに魅力を感じ、図画畑が主流を占める師範教育の中で、工作教育の地盤を確保しようとしたからであろうと推測する

図4 『構成教育体系』表紙

註5 「創作圖案教育を振興せよ」は、同年、普通教育テンペラ畫研究會から冊子としても発行されている。

面もある。

さらに図案教育の側面から見ても、武井が指摘していたように当時の学校現場においては、図案というのは模様づくりとして捉えられており、創造性のない硬直化した内容であったといわれている。そこに川喜田、武井らが主張する構成教育が、新たな刺激を与えたことはうかがい知ることができる。いずれにしてもバウハウスの特に予備課程における教育内容が、子どもたちの活動を捉える視点として、少なからずの刺激を持って当時の進歩的な教育者たちに迎え入れられたことは確かであろう。

これらのことは、バウハウスの教育そのものが既存の硬直化した造形教育の形式を解消するために、幼児の造形方法の中にプリミティブな造形性を求めたことからも、必然的なこととして捉えることができる。実際に『バウハウス』誌一九二九年七―九月号（第三年号第三巻）では、幼児の造形教育を取り上げ、表紙にはモイゼルヴィッツにある学校の一〇才の少女が制作したコラージュが掲載されている。

このような背景の中で昭和九年（一九三四）九月に発行された『構成教育大系』は、巻頭「構成教育とは」の項を次の文章で始めている。

構成教育とは丸や、四角や、三角をならべる事ではない。所謂構成派模様を描くことでもない。絵や彫刻や建築にめんどうな理窟をつけることでもない。我々の日常の生活の極くありふれた、極く卑近な事を充分取り出して見て、それを新しい目で見なほして、それを鑑賞したり、作つたりする上のコツを掴みとるところの教育、それが構成教育である。構成教育をとても抽象的な、わかりにくい學門の様に心得てゐる人があるが、それは極めて具體的な實際である。

人が生まれながらにして―大人も勿論子供も―持つてゐるところの能力を、一寸したコツでもつてそばからグンく発展させてゆく極めて實践的な教育である。（＊10 川喜田煉七郎　武井勝雄『構成教育大系』一頁、學校美術協會出版部、一九三四年）

そして、さらに構成教育の目的と方法について次のように述べている。

繪を描く、手工で何かを作る、という事は、出來上つた繪や細工に目的をおかないで、そのものを作り、又は描く間に、子供達が色々な經驗をし、物の考へ方や見方を學ぶのである。この學ぶ事自身に、構成教育は目的をおいてゐる。

構成教育には、何か特別な、細部までの規範や理窟があって、この理窟を記憶することによって何か今迄にない突拍子もないものが出來ると、若し考へてゐる人があつたら、今からそれを訂正したゞきたい。

構成教育は、云はゞ形や色のある物質、材料に觸れて、これを色々に處理していく方法である。例へば、紙と鉛筆とクレオンがあれば、紙の上に色々な物をかいて見る、木片があれば、これを積みかさねたりつけ合つたり、又ブリキや粘土があれば、これを押して見たり曲げて見たりひねつたりして見る。

　この間に色々な事を見たり、觸れたり、考へたりする。經驗は前の子供の繪の處でも云つた樣に結局、一つの標石である。單に路傍にあつた物を、この經驗によつて新しく見なほし、別な新しい標石を發見し、前の標石を一つづゝ捨て去つて、どこまでも新しく水の流れる樣に進む筈のものである。

　一つの發見から一つの發見へ、一つの生活經驗を更に新しい生活經驗に進ませる事、それ自身が構成教育なのである。

　しかし、むづかしい理論や理窟がにと云つたが、といつて、ゆきあたり、ばつたり、手段も方法も選ばないで、又技術も知らないでやれるものではない。

　技術をつかむには、一つの標石から他の標石を順々發見する樣に、ある段階がなければならない。

　この段階は、決して、單なる思ひつきやでたらめではない。

　我々が前にかいた樣に、子供の作品の中から、構成教育的な方向を發見すると同時に、教師は指導の間に、自らその方法をも經驗しなければならない。

　その經驗の方法とは、勿論絶對的なシステムがあるといふ譯ではないが、何等か段階的な方法で自分から技術をつけ、方法を考へて行かなければ、結局、生徒の作品の間に發見した大切な萌芽も、なんにもならなくなつてしまふ。

我々が、この本を書く理由は、か丶るシステムの發見の為の單なる參考として、今迄我々が經驗して來た事を書きつらねたに過ぎない。結局この本は明日の構成教育のキリストが生まれる為の單なるヨハネ的な捨石だと、我々は自認して居る。（＊11 川喜田煉七郎　武井勝雄『構成教育大系』〈前掲書＊10〉五頁―六頁、學校美術協會出版部、一九三四年）

このように、構成教育では、それまでの画一的な技術や知識の詰め込みに見られる作品主義的な教育を脱し、子どもの活動のプロセスそのものを重視しようとしていたことがわかる。そして、その教育の方法においては、子どもを学習の主体としながらも、教師自らも指導者としての段階的な指導方法の習得の必要性を説いている。

具体的な学習内容としては、単化練習、平面のコンポジション、フォトグラム、レイアウト、明暗練習、色彩練習、絵画練習、マテリアルの認識、立体の材料練習などについて、その作例や図を交えながら解説している。

武井勝雄は、この『構成教育大系』に続いて、昭和十一年（一九三六）一月に間所春との共著となる『構成教育による新圖画』〔図5〕を発行している。間所春は、大正七年（一九一八）に滋賀県女子師範を卒業、その後女子美術大学を中退し、福岡の女学校教員を経て、東京の小学校教員となっていた。また、前記の通り昭和八年（一九三三）には、新建築工芸学院で学んでいる。武井の述懐によると、間所は新建築工芸学院で学ぶ数少ない女子学生の中でも、特に熱心に続けていた一人であった。本著作の序では、先の『構成教育大系』が発行されて二年足らずのうちに、すでに構成教育が進歩的図画教育者の間では常識になっていると述べられている。そして、これまでの図画教育が山本鼎の自由画教育によって成長してきたのと同様に、これからの図画教育は構成教育によってあらためられていこうとしていると続けている。著者自らの思いの入った文章だとしても、ここからは、当時の教育界において構成教育が新たな教育方法として迎えられ、その教育的価値が認められつつあったことが推測できる。また、著者は、『構成教育大系』では著わすことのできなかった教育への実際化、指導法案を課題としてあげ、『構成教育による新圖画』においては、構成教育の理論に基づいた実践例〔図6〕〔図7〕を位置づけることによって読者に応えていこうとしている。このことは、小学校教員であった武井にとって、まさにその必要性を身近に感じ取っていたことと考えられる。このことを踏まえて本著作では、大きく前編と後編によって構成され、前編を武井勝雄が、後編を間所春がそれぞれ執筆している。内容は、前編に構成教育の理論、各種練習の概説と教材について、後編では、それぞれの練習に関する具体的な実践をもとに論じられている。

このように昭和の初めの日本では、バウハウスの教育について、その留学生や研究者たちによって広く社会に伝播されていった。それは、専門教育の分野のみならず、小学校の図画・手工の授業にも影響を与え、共鳴する教師たちにより各地で実践が行われるようになった。しかし、これらの活動も時代の展開とともに、その大きな渦の中に飲み込まれていってしまう。すでにドイツにおけるバウハウスも、ベルリンにおいて私立バウハウスとしてその存続を試みるが、一九三三年のナチスの政権獲得とともに閉鎖されていた。武井は、戦後昭和三〇年（一九五五）に発行された著書『構成教育入門』の中で、当時を振り返って次のように述べている。

> 今から追想すると昭和六年頃に、私はバウハウスの新しい造形教育を知って、若い血を燃え立たせたものである。そして建築デザイナーの川喜田煉七郎氏と共著で『構成教育大系』を当時の学校美術

図5　『構成教育による新圖画』表紙

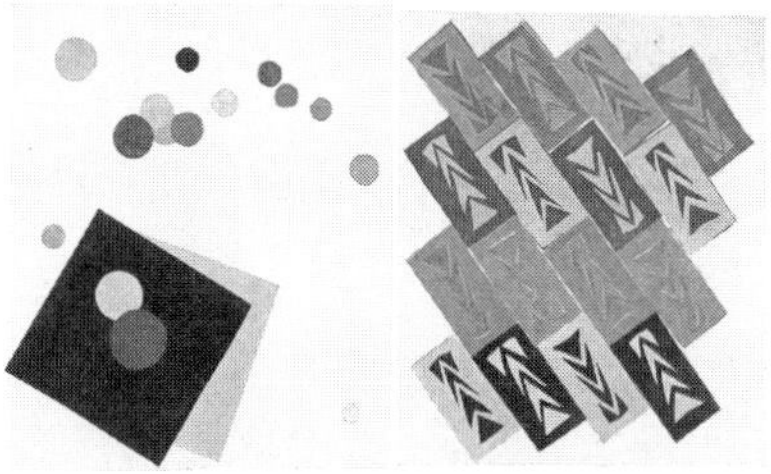

図6　色彩感覚の発展。『構成教育による新圖画』の図版より（上）

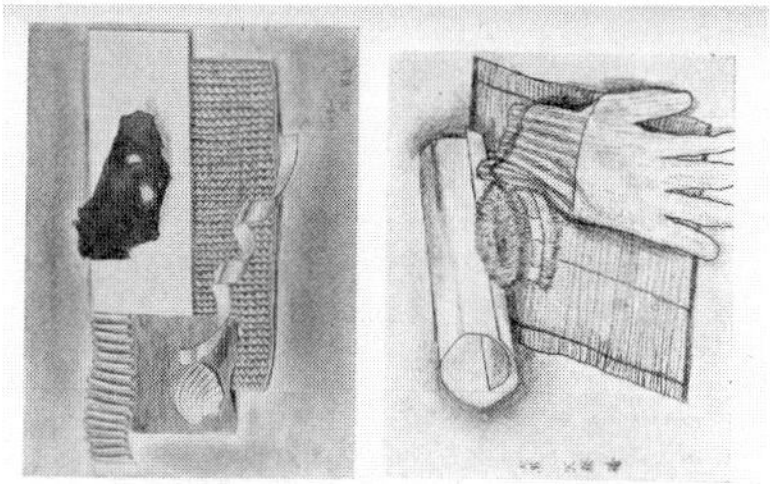

図7　写生による材料感の表現。『構成教育による新圖画』の図版より（下）

協会から出版した。その当時はまだ山本鼎氏の提唱した自由画教育、これは自然主義的な図画教育で、進歩的な若い教員に指示され全国に普及していた。一方、工作方面は当時は手工科で図画とは別な一教科であった。そして、これは、半世紀以上も前からスエーデンに起ったスロイドシステムと呼ぶ木工中心の職業的技術、熟練を重んじ、創造を余り重要と考えないものが主流をなしていた。これらの自然主義的、わるく言えば放任的な自由画と、堅い殻に立てこもった形式的な手工教育の時代に、バウハウスのような人間形成のための芸術教育―リイドの芸術による教育の主張とその極めて新しい教育方法は、これらの人達には青天の霹靂の感があった。現代的に表現すれば突然、青空に原子爆弾が落下したような驚きを与えた。しかし雷や爆弾は破壊的なものであるが、これは建設的なもので、日でりの空の大夕立の感があった。もちろん、それを爆発と感じて恐れた人もあり、夕立と見て歓迎した人もあった。しかし時日のたつのにつれて、これは時代の要求に応じた教育として理解され、全国各地に普及して行った。しかし不幸にして第二次世界大戦の渦中に捲き込まれた日本は十数年間、進歩的な文化活動が封じられたため、構成教育もやむを得ず暫く冬眠をしなくてはならなかった。(＊12)

12 武井勝雄『構成教育入門』一頁―二頁、造形芸術研究会、一九五五年)

昭和十二年(一九三七)に日中戦争が始まり、教育にも様々なかたちでその影響が現われてくる。そしてそれは、武井が振り返るように構成教育においても例外ではなかった。昭和十四年(一九三九)、東京高等師範学校附属小学校において全国図画手工協議会が開かれ、その内容が『教育研究臨時増刊　今後の圖畫手工教育』として発行されている。この協議会では、国民学校芸能科案等の教科目問題と関連して、図画手工教育の今後の方向性について検討することを課題としていた。その中で、東京高等工芸学校教授の宮下孝雄による講演「欧米の工芸動向から日本の生活工芸」では、ドイツの現状について触れ、ナチスの統制のもと思想的な側面からバウハウスがすでに解散させられていることを報告している（註6）。

また、昭和十五年（一九四〇）、美育振興會から発行された『維新圖畫の研覈』からは、日本における当時の図画教育のおかれた状況と転換をうかがうことができる。霜田静志は、本書の「革新的圖畫教育の指標―維新圖畫編纂内容の觀察―」において、日本精神の涵養を重要とする主張の上に立って、構成教育がその理論がいかに立派であっても、そこでの図案教材が「バウハウス臭味の抜け切らぬ幾何学的構成的なもの」ばかりであることを批判し、図案教育が構成教育の名に隠れて西洋風に堕することを慎むべくだとしている。

先に武井勝雄とともに『構成教育大系』を世に出した川喜田煉七郎は、昭和十七年（一九四二）には『構作技術大系』を著わしている。その第一章第一節「構成教育より構作教育へ」において、川喜田は当時の

註6　宮下は、この前年、商工省貿易局の命により海外の工芸市場の調査のためにヨーロッパおよび南北アメリカを視察している。

構成教育に対する批判に対して次のように述べている。

構成教育が當時の圖畫手工教育の革新運動として燎原の火如く全國に擴がり、構成教育の名は圖畫手工に關心をもつ者の常識に迄なつたのだが、果してその何人が構成教育を眞實に捉へ構成教育を踏臺にして次の物へ發展できたであろうか。

構成教育とは、新しい抽象形體の教育であると未だに考へてゐる人さへある。極端なのになると次の様にさへ云う。

構成教育は當時獨逸ではやりのバウハウス運動の日本への移植であり、バウハウスから歸つた尖端建築家が銀座邊りでやりだした運動の圖畫手工教育への適用である。ところが本國の獨逸ですら、この運動が元來ガンヂンスキーやパウル・クレーなどというユダヤ的觀念論者が社會民主主義者の後援で始めたものなので、ナチス政府の忌諱に觸れて解散させられて了つた。それだけにこんな教育を日本に今更移しうるゑえる必要はない。

この反動論を冷静にきゝ流した筆者は、一方この言が教育界の責任あるところから出た事を聞いて日本の教育界のために大いに慨歎した。

筆者はバウハウスに學んだ者でも獨逸歸りでもない。又構成教育はあくまでも日本の『こうせい教育』であって、バウハウスのフォルムレーレやバウレーレの譯でもない。又その教育課程の中心になる明暗・色彩・材料等の練習の方法は、全く日本人である筆者の獨創である。

一見抽象のヴェールに包まれた構成教育の極めて即物的なその内容が明確に把握され、その鋭利な具體的方法の錐が各方面に揉みこまれおし擴げられてゆく事が重大時局の促々と迫りつゝある當時の日本にとつて如何に必要なことであったことか。しかもこのヴェールをとつて現はれた構成教育は、既にその最初の任務を終り、その名と形とを解いて次の新しい物に完全に飛躍してゐるのである。

（＊13 川喜田煉七郎『構作技術大系』一七頁、図畫工作株式會社、一九四二年）

これら当時の文献からも推測されるように、ドイツにおいてバウハウスが解散したことを背景として、日本国内においても国家主義の台頭とともに構成教育への批判へとつながっていったと考えられる。また、構成教育そのものも時局の転換を受けて、そのあり方を問わざるを得なかったのであろう。

昭和十六年（一九四一）には太平洋戦争へとさらに大きく日本の社会が変わっていった中で、教育の現場では同年、国民学校令が公布され、その方向性は戦時色の強いものとなっていた。この当時、比較的取り扱われていた色彩教育では、教科書に手塗りの色紙を貼るようになっており、色彩用掛図も学校に配布され、有彩色、無彩色、明度、色相、配色まで指導することになっていた。小学校によっては、どの物体を指しても児童が正確にその明度を答えるような訓練をしたといわれている。しかし、あくまでもこれらは国防上の必要に立ったものであり、その教育の目的は敵機や敵兵を見分けたりするためであった。このような戦時下を経てその後、構成教育が本来の目的を持って教育の表舞台に帰ってくるのは、戦後になってからのことである。

第二章

日本の民間美術教育運動と造形教育センターの活動

小林貴史

造形教育センター　第２回夏の研究大会（東京教育大学）。昭和 32 年（1957）８月９日—12 日

第一節　戦後の学校教育と民間美術教育運動の展開

一、戦後の教育制度

昭和二〇年（一九四五）八月、戦争は終わり、日本は連合国軍の占領下となった。連合国軍の総司令部には、教育管理部門としてＣＩＥ（民間情報教育局）が置かれた。文部省は当初、使用していた教科書・教材からは軍国主義、極端な国家主義的な記載部分は削除して使用させた。いわゆる墨塗り教科書や縫いつけ教科書と呼ばれるものである。昭和二十一年（一九四六）六月には、それまでの芸能科図画・工作教科書は、すべて使用禁止となる。図画工作の教科書に関しては、準教科書や参考書の使用の期間を経て、昭和二十五年（一九五〇）に中学校図画工作科教科書の検定制度が始まり（使用は二十七年度から）、三年後の昭和二十八年（一九五三）に小学校図画工作科教科書にも検定制度が発足する（使用は三〇年度から）。

また、昭和二十一年（一九四六）八月に、第一次米国教育使節団が来日し、戦後の日本の教育政策の基本となるべき内容が報告された。政府はそれを受けて、教育刷新委員会を設置し、教育基本法の制定へむけて準備を進めた。そして、教育基本法と学校教育法は昭和二十二年（一九四七）三月に公布される。また、同年五月に公布された学校教育法施行規則では「図画工作」が教科として明記された。この教科の名称に関しては、文部省においてもかなり論議がなされたといわれている。当時、文部省で図画・工作科を担当していた山形寛は、名称として「造形科」を提案したが、まだ一般的ではないとの理由から否決されたことを後に振り返っている（＊1）。

昭和二十二年（一九四七）五月には「学習指導要領図画工作編（試案）」が発行され、さら昭和二十六年（一九五一）十二月に改訂、発行されている。この学習指導要領は二十二年版、二十六年版ともに試案というかたちで法的拘束力を持つものではなかった。つまり、学習指導要領は当初、この試案をもとにして各自治体の教育委員会が独自のものを作成することを意味していた。文部省告示として学習指導要領が法的拘束力を持つようになるのは、三十三年度版からである。

二、民間美術教育運動の始まり

戦後のこのような教育の大きな転換期において、学校現場の教員や研究者を中心とした民間の美術教育団体が生まれてくる。これら民間美術教育団体の活動は、社会も巻き込んだ教育運動として戦後の造形教

＊1　山形寛『日本美術教育史』七七四頁、黎明書房、一九六七年

育をリードしていくようになるのである。主な民間美術教育団体として、「創造美育協会」、「新しい絵の会」、「日本教育版画協会」、そして「造形教育センター」があげられる。以下、それぞれの団体の活動について簡単にふれておきたい。

「創造美育協会」は、昭和二十七年（一九五二）五月に久保貞次郎（一九〇九〜一九九六）の提唱した創造主義美術教育に賛同した人たちによって結成された。久保は、戦前から児童画の公開審査などを通してその研究と啓蒙活動を行っており、戦後も一時中断していた活動を再開させることで多くの教員たちに影響を与えていた。久保は、創造主義美術教育について次のように述べている。

子供が生まれつき持っている創造力を子供の精神の発達段階に応じてその子供の持っている欲望を基本的に尊敬しこれを励ます。これを美術を媒介としておこなう教育で、それによって子供は創造力を高めることができる。（＊2「美術教育の三つの問題」『美育文化』第二巻第六号、一六頁、一九五二年六月）

久保は、それまでの型にはめ込むような図画教育を批判し、子供が本来持ちながら抑圧されている創造力を美術によって解放することを目指していた。創造美育協会の主要なメンバーには、北川民次（註1）（一八九四〜一九八九）、滝本正男、島崎清海らがいた。この中の滝本は、後年、自由画教育における山本鼎の指導者としての重要性にたとえながら、創造美術教育は啓蒙運動家としての久保貞次郎の特異な資質と北川民次の確固とした美術教育の論理の支えがなければ、運動として広く展開しなかったであろうと述べている（＊3）。創造美育協会は、昭和三〇年（一九五五）の長野県湯田中での第四回全国ゼミナールに一六七〇名もの参加者が集まるなどその活動を拡大していく。しかし、一方では昭和三〇年代に入ると、その指導のあり方については様々な立場から批判の声も出てくるのである。

「新しい絵の会」は、最初はその名称を「新しい画の会」として昭和二十七年（一九五二）一月に稲垣敬二、多田信作らによって結成された。初期においては、「子どもの絵がもっと豊かなユーモアを回復するために」といった漠然とした方向を持つ、創造美育協会の大会で学ぼうとする一つのグループであった（＊4）。その後、昭和二十九年（一九五四）に井手則雄、昭和三〇年（一九五五）に箕田源二郎、湯川尚文といった人々が入会し、急速に拡大するとともに会の方向性も変わってくる。そこでは、「子どもたちの社会的現実とのきりむすびを深め、新しい生活画を育てていくこと」を目標とし、社会的現実認識の教育を目指した活動となっていった（＊5）。指導の是非という点においては、それに重きを置かない創造美育協会とは対立することとなる。

「日本教育版画協会」は、昭和二十六年（一九五一）に、大田耕士を中心に恩地孝四郎、平塚運一、関野

註1　北川は、画家であるとともに、メキシコにおいて子どもの美術教育を実践し、戦後は名古屋動物園美術学校を開いた。著書『繪を描く子供たち』（一九五二年）等。

＊3　滝本正男「創造美術教育」『美術教育大系　第一巻　美術教育原理』五五頁―五六頁、学藝書林、一九七二年

＊4　井手則雄「新しい絵の会」『美術教育大系　第一巻　美術教育原理』七一頁、学藝書林、一九七二年

＊5　金子一夫『美術教育の方法論と歴史』二一六頁、中央公論美術出版、二〇〇三年

準一郎らによって結成された。その活動は、生活綴り方教育の影響を受けながら、生活版画教育として機関誌や技法の開発などを通して版画教育の普及に努めたものであった。

「造形教育センター」は、他の美術教育団体の児童画研究を中心とした活動に対して、工作やデザインも含めた幅広い造形活動を研究の視野に入れて、昭和三〇年（一九五五）結成された。詳しくは以降の項において構成教育との関わりも含めて論じていきたい。

第二節　戦後の構成教育と造形教育センターの創立

一、グロピウスの来日がもたらしたもの

戦前、川喜田煉七郎や武井勝雄らによって啓蒙された構成教育は、戦時下において休眠状態となっていた。そして、戦後になっても昭和二〇年代には、創造主義美術教育や生活版画教育などが美術教育運動の主流であった。しかし、二〇年代も後半になると小関利雄や藤沢典明らによって構成教育に関わる実践が紹介されるようになる。

また、昭和二十九年（一九五四）に発行された『造形美育論』〔図1〕の中で井手則雄は、創造主義美術

教育への見直しとともに、構成教育の考え方への賛成の意を述べている。後には新しい絵の会の中心人物として、構成教育とは別の立場をとる井手であるが、本著では「発展的な構成教育に対する提案」として、お手本主義や自由教育では果たせない総合的な実践を構成教育の中に求めようとしていた。

さらに、同じく昭和二十九年（一九五四）には、バウハウスの創立者であるワルター・グロピウスが来日している。グロピウスは、財団法人国際文化会館の知的交流事業として招聘され、五月十九日から八月七日まで日本に滞在した。これに際し、国際文化会館ならびに日本建築学会において歓迎委員会が設けられ、滞在中の活動に対応した。この間、グロピウスは、東京から関西、岡山と様々な施設の見学、そして数多くの講演ならびに懇談会と多忙なスケジュールを過ごしている（註2）。

デザイン評論家であり、当時すでに造形教育の指導的立場にあった勝見勝（一九〇九〜一九八四）は、

図1　『造形美育論』表紙、昭和二十九年（一九五四）

註2　滞在中のグロピウスの各地での活動については、『グロピウスと日本文化』彰国社（一九五六年）が詳しい。

山口正城（一九〇三～一九五九）や高橋正人（一九一二～二〇〇〇）らに呼びかけ、東京芸術大学の正木記念館においてグロピウス歓迎の「構成教育の児童・生徒・学生作品展」を開催した。グロピウスは、五月二十七日、水谷武彦の案内のもと会場を訪れ、美術、工芸教育者との会合に参加した。展覧会場には、戦前構成教育に熱心な指導を行っていた小、中、高、大に及ぶ教員の指導作品が並べられた。それらの教員には、高橋正人、山口正城、小池岩太郎、小関利雄、真鍋一男、救仁郷和一、武井勝雄、間所春、山内幸男、藤沢典明がおり、彼らは後の造形教育センターの創立メンバーとなる人々でもあった。このとき、集まった人々によって、これを機会に今後もこのような造形教育についての検討や研究を続けていこうという話し合いが持たれた。ちなみにグロピウスは、この滞在中に開設間もない桑沢デザイン研究所に来所し、桑澤洋子と対談している。そして、グロピウスが贈ったメッセージは、桑沢デザイン研究所入学案内にも掲載された（展覧会での会合と桑沢デザイン研究所での出来事の詳しくは、第三章を参照されたい）。

また、七月三十日には、日本デザイン学会員、日本インダストリアルデザイナー協会員のメンバーとグロピウスによるデザイン討論会が開かれている。メンバーの中には、後の造形教育センターの会員となる勝見勝、高橋正人、塚田敢、山口正城、豊口克平が含まれていた。『工芸ニュース　九月号』（一九五四年）に掲載された記録によると、この討論会では、事前に八つの質問事項が用意されていたが、そのひとつに「デザイン教育、特に職業教育ではなくて一般教育の促進についてどう考えられますか」という質問があげられていた。これに関わる答えとして、グロピウスは次のように述べている。

一番大切なことは、これから教育される学生の、彼自身の頭の中の態度でございましょうか。他の人の真似をすることを全然なくするようにしたいと思います。個人が創造的な活動ができるよう教育したいと思います。（中略）先生として一番大切なことは、生徒が自分の力で何かこしらえたいという気持ちと、態度をもつようにすることで、そうなったときにはじめてテクニックというものは自分で覚えていくものです。（＊6「グロピウス教授を囲んでの討論会」『工芸ニュース（九月号）』三八頁、丸善株式会社、一九五四年）

これらのやりとりからも、勝見をはじめとした参加者たちには、グロピウスの来日を機会に教育におけるデザインのあり方を探ろうとしていた姿を見ることができる。また、その後の教育の変遷を見ても、グロピウスの来日というものが、日本の美術教育にとって一つの大きな刺激になっていたことは明らかであろう。

そして、戦後のこのような背景の中で、構成教育はまた新たなかたちでその芽を開きつつあったのである。

二、勝見勝の美術教育へのまなざし

ここで、これまでもたびたび名前をあげている勝見勝について触れておきたい。勝見は、明治四十二年（一九〇九）に生まれ、高等学校時代より登山に熱中する。東京帝国大学では美学美術史学科にて学び、大学院修了後、横浜専門学校教授となる。昭和十六年（一九四一）に商工省工芸指導所嘱託となり（～一九四三）、興亜造形文化聯盟評議員、教育美術振興会顧問、アトリエ社顧問を経て、戦後、昭和二十六年（一九五一）には『工芸ニュース』（工業技術院産業工芸試験所編集）の編集顧問となる（～一九六四）。そして、昭和二十七年（一九五二）に、日本インダストリアルデザイナー協会顧問に、翌二十八年（一九五三）には、日本デザイン学会の創立に携わる。また同年、国際デザインコミッティー（昭和三十四年にグッドデザインコミッティー、昭和三十八年には日本デザインコミッティーと改称）の結成に関わり、そのマニフェストをまとめている。国際デザインコミッティーは、国際交流を通して日本の建築家、デザイナー、美術家、評論家の横断的な結合をはかり、グッドデザイン運動を推進することを目標としていた。さらに昭和二十九年（一九五四）に桑沢デザイン研究所の創立に関わるとともに、開校にともない講師となり「デザイン理論」を指導した。グロピウスの来日に際しては、「グロピウスとバウハウス展」（国立近代美術館六月十二日～七月四日）の企画展示に関わり、バウハウスの歴史の部分を担当している。

勝見自身は後年、商工省工芸指導所に入った頃を振り返り、次のように述べている。

同氏（著者註：小池新二）の紹介で、私は山脇巌さんに会って、当時の商工省工芸指導所に入ることとなったが、山脇氏がバウハウスの出身だということも知らなければ、そのバウハウスが何であるかも、よくは知らなかった。（＊7「デザイン運動／野次馬控え」『勝見勝著作集　第五巻　随想・年譜』二二六頁、講談社、一九八六年〔初出『毎日デザイン賞四〇年のあゆみ　一九七二年度作品集』一九七三年一月〕）

これからも推測できるように、少なくとも昭和十六年までの勝見は戦前からのバウハウス論者でもなければ、構成教育との直接的な接点もなかったと考えられる。勝見は、後に自らを「日本のデザイン運動の渦まきの中に、いつの間にか巻き込まれた、ひとりの野次馬にすぎない」と言っている。そのような勝見が、戦後、どのように造形・美術教育の分野に足を踏み入れていくのであろうか。勝見が残した文章からその変遷をたどってみたい。

昭和二十三年（一九四八）発行の『工藝研究Ｉ』〔図2〕に掲載された「意匠実験室の一つの試案」の冒頭において、勝見は工芸にとってデザインが生命であることを述べている。そして、デザインは部分によって分析できるものではなく、全体としての意味を持ったものであり、そこに関わる人間の心の働きはデリケートな扱い難いものであるとしている。そして、このデザインを十分に活かすための方策として意匠実験室と意匠鑑定官制度を提案している。さらに児童芸術の中に新しいデザイン力の源泉を見出し、そのデザイン能力を育てることによって、「小・中学校の図画工作科といった美術教育と、工芸界との有機的連絡」を大切にすべきだと主張している。また、勝見は工芸指導所時代にも上記の啓蒙に努力したが、戦争を背景として認められることがなかったことを振り返っている。戦中、そして戦後社会の復興期において、あくまでも工芸的産業を日本経済の支柱にしていこうとする目的が前提にあったとしても、この時点において勝見が児童の造形活動、その中にあるデザイン能力、そして専門教育としてではなく普通教育に着目していたことは注目すべきことである。

次に昭和二十六年（一九五一）に書かれた「デザイン教育」（＊8）という文章において勝見は、「美と用とに仕えねばならないもの」としてデザインを捉え、「それは風呂敷の包み方や弁当の詰め方というように、私たちの日常の身のまわりのいたるところに存在する」と指摘している。そして、学校の美術教育がこのようなデザインにつながる問題を取り上げることによって、「ただの図画や工作では与え得ない生活に即した美術教育」となるのではないかと述べている。ここでの勝見の考えには、前述した文章と同様に普通教育におけるデザイン教育の大切さを説きながら、その関心が生活とデザインを核として美術の社会的機能へと目をむけさせる美術教育そのもののあり方へと向かっていることに気づくことができる。

グロピウスが来日した昭和二十九年（一九五四）には、勝見は『工芸ニュース』を始め様々な美術・デザイン誌上、新聞等にグロピウスやバウハウスに関わる文章を残し、また関連の座談会にも出席している。その中で、五月十七日に開かれた座談会「バウハウスと構成教育」（司会の勝見勝の他、武井勝雄、山口正城、藤沢典明、熊本高工、水谷武彦が出席）の記録（＊9）からも当時の勝見の考えを知ることができる。座談会の冒頭、勝見はグロピウスの来日に際して、建築の側面からだけではなく、美術教育の側面からもその受け入れプログラムを考えていかねばならないと述べている。このことからも勝見が、グロピウスそしてバウハウスの意義をその教育システムに見ようとしていることが推測される。そして、会談の中では、戦前の日本における構成教育と戦後の美術教育をふまえて次のようなことも述べている。

　ですから、山本鼎さんたちの自由画運動ね、あれは第一期の創造主義運動だったと思うんです。その後に構成主義が出て来たんですね。それと同じように、これからデザイン教育というのが一つ出て来てもいい番だろうと思って、この間も教育大学の高橋君と冗談を言ったんですけれども、創造主義で地ならししたあとをひとつ構成教育とデザイン教育の連合軍で、ゆっくり仕上げたらどうかと僕は

図2『工藝研究I』表紙、昭和二十三年（一九四八）

＊8　勝見勝「デザイン教育」『暮らしの知恵と美しさ』三笠書房、一九五六年

＊9　「〈座談会〉バウハウスと構成教育」『美育文化VOL．4　NO．6』一九五四年

言っているんです。これは怒られるかもしれないが……（笑声）。結局構成主義も、広い意味での創造主義だと思うのですね。〈＊10「〈座談会〉バウハウスと構成教育」『美育文化ＶＯＬ．４ ＮＯ．６』〈前掲書＊９〉二〇頁、一九五四年〉

また、同年六月九日の新聞紙上では、「新しいデザイン運動　グロピウスとバウハウスの造形教育」〈図３〉と題して、グロピウスの来日とバウハウスについて述べている。ここでは、グロピウスがドイツ工作連盟からバウハウスへの道のりの結果、たどり着いたものが造形教育であったことを指摘している。そして、バウハウスと日本との関わりについて次のように述べている。

グロピウスを考える時、バウハウスを切りはなして考えることは出来ないし、バウハウスを考える時、それが世界のデザイン運動と造形教育に与えた決定的な影響を見のがすことも出来ない。特に、わが国においては、いわゆる構成教育の名のもとに、バウハウスのシステムがとり入れられ、ナチ政府によって、ドイツではバウハウスが閉鎖されて後も、力強く活きつゞけ、アメリカとともに、バウハウス教育の継承者となって来た。

しかし、わが国におけるデザイン運動の根本的な弱さは、グロピウス歓迎のプログラムにも反映しているように、建築界とデザイン界、産業と造形教育などの間にまるで密接な連関性がなく、相互理解を欠いているということである。これはバウハウスの精神と、最も矛盾するもので、グロピウスの

昭和29年6月9日　（水曜日）　第27845号　14版　（8）　☆

新しいデザイン運動

グロピウスとバウハウスの造形教育

勝見勝

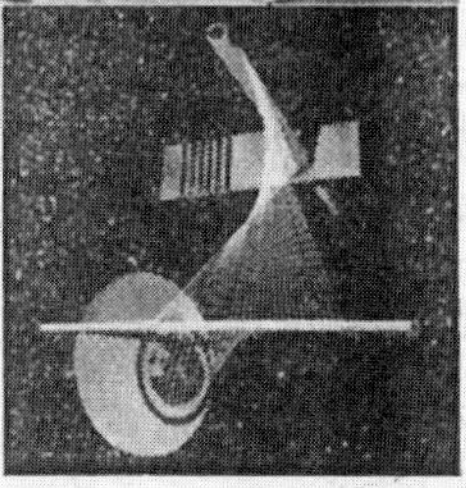

写真はワルター・グロピウスが中心になって設計されたボストン・シヴィック・センター設計図。ボストンなどアメリカの古い都市はこんにちの自動車洪水を予想して建設されなかったためにモータープールの不備な中心部が次第に機能を失い、荒廃の危機さえおとずれようとしている。そういう危機を防ぐために都心再建の野心的な計画をねらったのがこの設計である。建物の内部には五千台の自動車を収容する。すでに全面ガラ

五月下旬、グロピウス博士が来訪されてから、各種の講演会、懇談会などが次々と行われ、この造形界の巨人の風ぼうに、親しく接

いう事実も物語っているように、グロピウスの発想法のなかには、造形芸術一般を、いかにして近代産業のマス・プロダクション的技

時、それが世界のデザイン運動と造形教育に与えた決定的な影響を見のがすことも出来ない。特に、わが国においては、いわゆる構成教育の名のもとに、バウハウスのシステムがとり入れられ、ナチ政府によって、ドイツではバウハウスが閉鎖されて後も、力強く生きつづけ、アメリカとともに、バウハウス教育の継承者となって来た。

しかし、わが国におけるデザイン運動の根本的な弱さは、グロピウス歓迎プログラムにも反映しているように、建築界とデザイン界、産業と造形教育などの間に、まるで密接な連関性がなく、相互理解を欠いているということである。これはバウハウスの精神と、最も矛盾するもので、グロピウスのような偉大なオーガナイザーを持たなかった、過去の日本の不幸でもある。

もっとも、近ごろは日本でもいろんな分野から、バウハウスの理想を学ぼうとする動きが出て来ている。岡本太郎を中心とする芸術研究所、桑沢洋子を中心とするデザイン・スクールなどは、その手近かな例である。しかし、グロピウスがしばしば強調し、かつ実践して来たように、デザイン問題の解決には、特にチーム・ワークの精神が必要であり、スタンド・プレーや[illegible]が清算されねばならない。したがって、それは人間性の改造までも伴う、なかなか大変な仕事であるということを、十分覚悟してかからねばなるまいと思う。（美術評論家・デザイン学会常任委員）

図3　「読売新聞」昭和二十九年（一九五四）六月九日

ような偉大なオーガナイザーを持たなかった、過去の日本の不幸でもある。

もっとも、近ごろは日本でもいろんな分野から、バウハウスの理想を学ぼうとする動きが出て来ている。岡本太郎を中心とする芸術研究所、桑沢洋子を中心とするデザインスクールなどは、その手近な例である。しかし、グロピウスがしばしば強調し、かつ実践して来たように、デザイン問題の解決には、常にチーム・ワークの精神が必要であり、スタンド・プレーを好む芸術家根性が清算されねばならない。したがって、それは人間性の改造までも伴う、なかなか大変な仕事であるということを、十分覚悟してかからねばなるまいと思う。（＊11「新しいデザイン運動 グロピウスとバウハウスの造形教育」八頁、読売新聞、一九五四年六月九日）

勝見はこの時期、まさに創造美育運動が盛んな戦後の美術教育界において、次なる美術教育の姿をイメージしていた。そして、そこにはバウハウスの教育システムにヒントを得ようとしていたのであろう。さらに、美術教育を普通教育、専門教育、そして教育者養成の三つの観点から捉え、特に小・中学校での教育に注目していた。このことの背景には、勝見のデザインに対する「消費者の教育」という考えがあると思われる。そこには、「専門家のデザイナーを育てるような教育ではなく、それとは全然関係のない、例えば、政治家になる、そういう人達が将来社会に立っていかれる場合必要とするデザイン感覚、そういうものを植えつけなければならない」（＊12）という願いを見ることができる。また前述の座談会で勝見は、戦前の日本には、ドイツのバウハウスのようなセンターがなかったことを指摘し、その必要性を述べている。もしかすると勝見は、このときすでに日本のこれからの美術教育をリードすべきセンターの姿を模索していたのかもしれない。

工芸、デザインについて考えていく中で、教育の重要性に気づいた勝見は、このように美術教育への思いを深め、この後、その具体的な活動へと移っていったのであろう。そして、その延長線上に民間教育機関としての造形教育センターの創立があったと考えられる。

造形教育センターの会員であり、桑沢デザイン研究所においても講師として指導にあたった真鍋一男は、当時の勝見を次のように振り返っている。

昭和二〇年代後半から三〇年代初めのわが国は、教育研究の極めて活発な動きの時代であり、造形教育関係にしても二十六年創造美育協会、二十九年桑沢デザイン研究所創立、同年デザイン学会、三十年に造形教育センターと次々に発足をみています。当時勝見さんは、デザイン学会を創設したのも、造形教育センターを創立したのも、日本のデザイン運動を正しい軌道にのせるためには結局日本のデザイン教育を一本すじの通ったものにしなければならないからであると述べています。勿論桑沢の教育への深いかかわりもその一環でありました。(＊13 真鍋一男「ロコモーション勝見—桑沢の教育とのかかわりから—」『グラフィックデザイン(第94号)』講談社、一九八四年)

三、造形教育センター誕生前夜

昭和三〇年（一九五五）五月二十三日、新しい造形教育の志向を生みだそうと、設立委員が日本橋にあるレストランのグリル・メイコーに集まった。設立発起人は、勝見勝と高橋正人を中心に、小関利雄、川村浩章、熊本高工、小池岩太郎、武井勝雄、中村亨、長谷喜久一、橋本徹朗、林健造、藤沢典明、松原郁二、山口正城の十四名である（この内、川村、小池、松原は欠席）〔図4〕。そこでは、造形教育センター設立、出版、展覧会、講習会などの骨子について話し合われた。そして、その後も設立委員会を開き、設立へむけての準備が進められた。会の名称については造形とするか、デザインとするか、または構成とするかでかなり論議を交わしたようである。このことについて勝見勝は次のように振り返っている。

実をいうと、造形教育センターを設立するとき、東京教育大の高橋正人君などと、会の名称などについて、いろいろ話し合ったことがある。そしてそのとき、高橋君はデザイン教育センターという名称を強く主張したが、筆者は日本の現状に照らして、造形教育センターの方を主張したという楽屋話があった。わが国ではデザインというと、非常に限られた狭い意味のみを考えいわゆる用途や実用性を持ったものの造形計画という意味に解している。もちろん、専門教育の場合デザイン教育は、デザイナーというスペシュアリストを育成するものであるから、そこではデザインの意味も狭義のそれでよいに違いない。しかし、必ずしも建築家やデザイナーになると限らない。それどころか、むしろその他のものになるのが普通である。小中学校の教育において、デザインというときは、そのような特殊な狭い意味であっては困る。むしろ、色や形のあるすべての造形物のデザインという意味で、絵画や彫刻の場合のデッサンやコンポジションにもつながり、建築や家具や工芸や服飾、印刷美術などのデザインにもつながる、もっと根本的で未分化な能力を指すものと考えたい。（＊14 勝見勝「世界の造形教育―その歴史と展望」『勝見勝著作集　第一巻　美学・教育論』二一八頁―二一九頁、講談社、一九八六年一〇月（初出『美育文化』一九五八年七月））

ここで造形という言葉にこだわった勝見の思いは、次のような文章からも察することができる。これは、昭和三十一年（一九五六）に開催された第九回全國図画工作教育大會の研究資料に勝見が寄せた文章の一部である。

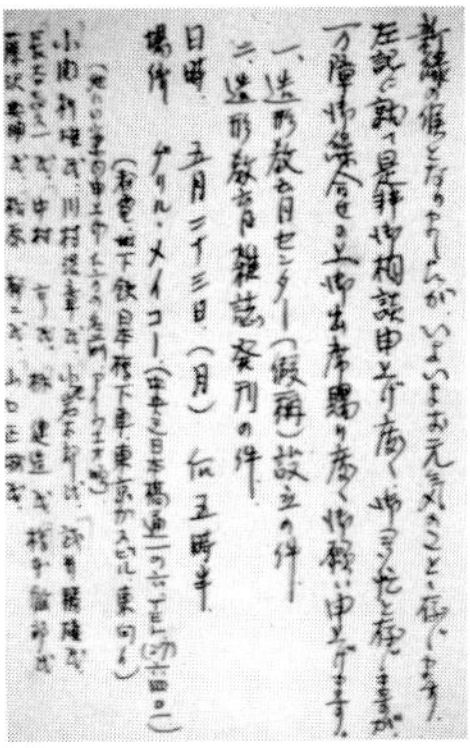

図4　造形教育センター設立準備会の案内（勝見勝、高橋正人から熊本高工へ）

＊12「座談会：デザインの社会化」『工芸ニュース（十月号）』丸善株式会社、一九五四年

『造形』とか、『造形教育』という言葉を使う以上、まずそれを使うだけの必然性、どうしても使わねばならない理由があるはずである。絵画や、彫刻や、建築や、デザインをばらばらに考え、それらに共通した時代の造形意志を感じもしないで、『造形』という言葉を使うのは、一種の流行心理である。同じように、図画や、図案や、工作をばらばらにとり上げて、『造形教育』と名のっても、あまり意味がない。それくらいなら、『美術教育』とか、『図画教育』という言葉を使った方が、ずっと素直で気持がよい。

『造形教育』という考え方は、図画や、図案や、工作の根底に、共通した地盤を認める。それが造形感覚であり、造形要素であり、造形材料であり、造形技術である。（＊15 勝見勝「造形教育とつくり出す力」『第九回全國図画工作教育大會研究資料』二頁、一九五六年八月）

また勝見は、バウハウスのデッサウ時代の教育システムについては、その功績を認めながらもそれが要素主義的でデザインの分業化につながると考えていた。したがってそれは、デザインの専門教育には適していても、小・中・高の一般教育にそのまま持ち込むことは難しいと感じていた。そして、デザインをどのように捉え、教育の中に位置づけていくかということの重要性について配慮していた。このことは、勝見の「動詞としてのデザイン」という言葉の中にも端的に表れているといえる。

さらに当時は、デザインとともに構成教育をどのように捉え、会としての研究にどのように位置づけていくかが課題の一つであったと考えられる。造形教育センターの設立にあたっては、武井勝雄をはじめとして戦前の構成教育を牽引した人々もそこに加わったが、設立の中心であった勝見自身は活動として単に戦前の構成教育をそのまま引き継ごうとしていたのではないと考えられる。このことは、グロピウス来日を記念して「グロピウスとバウハウス展」が国立近代美術館で開かれた際に、会場において勝見が間所春との会話の中で「構成教育というものが、理論としては魅力的だが、どうも子どもの生活にはなじまないという現場の悩み」を感じ取るとともに、それが勝見自身の直面している問題でもあると述べていることからも推測される。（＊16）

同様に勝見とともに会の設立に尽力した高橋正人は、構成教育について次のような見解を持っていた。

> 私たちが構成教育といっているのは、造形教育における基礎教育の意味であって、構成活動（Construction Work）といわれているものや、図案教育とは別個の意味をもつものである。（中略）構成教育は、構成活動にも、図案にも非常に似たものがあって、その一部だけを見れば、全く同じ場合もあるが、教育学的な考え方のシステムがちがうのである。構成教育において考えられる活動は、どこまでも生徒の造形的能力に関係したものであり、また図案のような、造形活動の一部でなく、すべ

＊16　勝見勝「デザイン教育の系譜―バウハウスの諸相」〈前掲書＊14〉二三二頁、一九八六年一〇月〔初出『造形ニュース』一九八一年一月〕

ての造形活動―建築・絵画・彫刻・工・写真・舞台・宣伝美術など―に結びつくものである。即ちこのようなあらゆる美術の基礎となる能力を対象とする教育であって、やはり普通教育としての面と、専門教育としての面が含まれるのである。（＊17 高橋正人「構成教育の意義」『美術教育のすべて 美育文化論文集』四九五頁、造形社、一九七一年〔初出『美育文化』一九五一年五月〕）

このように造形教育センターでは、当時の他の児童画研究を中心とした美術教育運動とは違う広い視野から、また戦前のバウハウス、構成教育を下敷きとしながらもデザイン教育、構成教育を新たに見直していくことで、会の名称として掲げた造形教育のあり方を研究し、実践していくことを目指していたのであろう。

造形教育センターの創立に際しては、小・中学校の普通教育に注目した勝見勝に対して高橋は、会の名称にデザインを用いることを主張したように専門教育として大学を含むデザイン教育も大切にしたいと考えていた。そして、高橋自身も数年前より自らの胸の内に運動の構想があったことを振り返っている。結果的には、勝見、高橋の二人〔図5〕が両輪となり、造形教育センターの初期をリードしたことが、研究の幅広さとともに、当初よりそこに集う人々の層の広さにもつながっていたのであろう。このことは、現在に至るまで造形教育センターの会員が、幼児教育から小・中・高等学校、そして大学、社会教育まで、広くそこに関わる人たちで構成されていることにも現れており、会の特質の一つともいえよう。

四、造形教育センターの創立

昭和三〇年（一九五五）六月十八日、日本橋丸善五階会議室において造形教育センターの創立総会が行われた〔図6〕。創立総会の案内状は全国一〇〇名あまりの美術教育者に発送され、当日は六十名の出席者があった。この案内状には設立の主旨が次のように書かれていた。

註3　委員名簿による各実行委員の当時の所属または肩書きは、以下の通りである。岡田清一（都立本所高校）、岡本太郎（画家）、小関利雄（横浜国立大学）、勝見勝（美術評論家）、川村浩章（東京学大附小）、熊本高工（東京教育大学構成専攻）、桑澤洋子（デザイナー）、小池岩太郎（東京芸術大学）、高橋正人（東京教育大学）、武井勝雄（文京区教育委員会）、豊口克平（産業工芸試験所）、長谷喜久一（教育大学附小）、中村亨（横須賀市教育委員会）、橋本徹郎（デザイナー）、林健造（お茶の水女子大学）、藤沢典明（千代田区今川小学校）、松原郁二（東京教育大学）、村井正誠（画家）、山口正城（千葉大学）、山脇巌（日本大学）。

図5　勝見勝（左）と高橋正人（右）。月例研究会（クレパスビル）昭和三十七年（一九六二）七月三日

図6　造形教育センター創立総会。昭和三〇年（一九五五）六月十八日（下）

最近、造形教育ということがだいぶやかましく唱導されているようですが、まだ各人各説という形で、若い教育者の中にはいろいろ迷っている人々もあるやに聞いております。そこで、この方面に関心深く、また実践を進めておられる方々がいっしょになって、正しい方向を打ち出すことができたらという希望が有志の間に生まれてまいり、幾度か相談の結果、どうしても造形教育センターを持たねばならないのではないかというように意見が一致しましたので、ここで下記により創立総会を開催したいと存じます。つきましては、かねてからこの方面に、ご造詣が深くいろいろと研究を重ねておられる貴下にぜひご参加願い有力なメンバーとしてセンターの育成にご協力頂きたいと存じます。

創立総会は、座長に武井勝雄が選ばれ、藤沢典明、林健造両氏の司会によって始められた。はじめに勝見勝により経過報告、そして高橋正人により事業内容について説明があった。その後、意見交換をはさんで、会の設立審議がなされ、満場一致にて造形教育センターが設立される。さらに、当日の出席者全員が委員となることとなり、創立総会は委員総会というかたちをとった。そこでは、会の目的、実行委員、運営などについて話し合われた。そして、二時間半にも及ぶ創立総会（委員総会）は松原郁二の閉会の言葉で幕を閉じた。実行委員は、設立発起人に岡田清一、岡本太郎、村井正誠、桑澤洋子、豊口克平、山脇巌の四名が加わり、二〇名で構成された（註3）。このときの実行委員であり、後には委員長ともなる川村浩章、林健造、熊本高工はすでに創造美育協会の会員でもあった。その意味では、彼らは創造主義をふまえつつ、そこでは為しえなかったものを造形教育センターに求めていたのであろう。また、委員となった人たちの中には、水谷武彦、間所春、高山正喜久、滝口修造、渡辺力など、幅広い分野からの参加を見ることができる。林健造は、創立総会を振り返って次のように語っている。

会は最初から和気に満ち、解放されたふん囲気で、造形とは何かなどの問題では、われ先に黒板に自分の考える構造図などを描き、説明していたもので、この時点ですでに中心人物であった勝見勝・高橋正人の両氏にのみ依頼している姿ではなかった。（＊18 林健造「造形教育センターの歴史」『美術教育大系 第一巻 美術教育原理』六三頁、学藝書林、一九七二年）

この林の言葉からも伝わってくるように、勝見、高橋の二人を柱としながらも、創立に参加したメンバーそれぞれが、会の創立に期待を抱き、自らの活動の場をそこに求めていたのであろう。創立総会の様子は、会の機関誌である造形教育センターニュース第一号にその報告として詳しく掲載されている〔図7〕〔図8〕。また、この第一号には勝見勝の次のような文章が掲載されている。

日本のデザイン運動もどうやら軌道に乗つて来た感じで、デザイナー側も、産業界の方面も、かなりデザイン意識が高まつている。しかしデザイン運動の最後の仕上げは、一般市民のデザイン感覚、つまり、グット・テイストが普及して、良いデザイナーの仕事を認め、良いデザインの商品を選ぶようになることであろう。その点、日本のデザイン運動の最近の段階は、造形教育センターの目指す方

造形教育センターニュース

第1号

造形教育センター機関誌
編集　センター事務局
発行所
東京都杉並区荻窪3の23
小室隆綱方　造形教育センター

デザイン教育にバックボーンを

造形教育センター結成さる

東京丸善で創立総会挙行

「最近造形教育とか、デザイン教育とかいうことが大分やかましく唱導されているようですが、まだ各人各説という形で、若い教育者の中にはいろいろ迷つている人もあるやに聞いております。

そこでこの方面に関心深く、また実践を進めておられる方々が一緒になつて正しい方向を打ち出すことができたらという希望が有志の間に生れてまいり、いく度か相談の結果、どうしても造形教育のセンターを待たねばならないのではないかというように意見が一致しましたので……」

という趣旨の案内状が十二名の世話人の手によつて全国百名あまりの美術教育者に発送され、六月十八日、日本橋丸善で、そのセンターの発会式が行われた。

当日の模様は、定刻二時までに六〇名程の賛同者が相ついで参集

「やあしばらく」

という旧知の顔、

「はじめまして」

という初対面の顔、どの顔にも何か期待にはずんだ明るさがあふれていた。時間が来て、藤沢典明、林健造両氏の司会で武井勝雄氏が座長にえらばれ、こゝに歴史的？な造形教育センターの創立総会がはじめられることになつた。

一番はじめに、勝見勝氏の経過報告として、

昨年グロピウスの来朝に際し、芸大で構成的な児童生徒の作品展が開かれ好評であつた。その時これを続けていきたいという要望が相当広く生れて来た。

又今日教育の現場には、モダンアート、構成、デザイン、新しいテクニツクが様々な形でとりいれられ、賛否両論から方法論まで混沌とした様子が見られる。又講習会、展覧会や、地方と中央の連絡、或は海外との交渉をのぞむ声も相当あり、この際この方面の方々が集まつて、案内状に書いたような趣旨の団体をつくろうということになり数回の世話人会があつて今日のはこびになつた。

という説明があり、ついで高橋正人氏より、今まで世話人会で話題になつた事業内容について、

造形教育に対するはつきりした理論づけ、研究の交換、そしてお互の利益ばかりでなく、社会的に役立つ仕事をしたい。一例として、定期的な研究会、大少

……写真は造形教育センター創立総会々場スナツプ……

昭和三十年度 造形教育センター 委員名簿

実行委員

岡田　清一　都立本所高校　茨城県竜ケ崎市三二八五
岡本　太郎　画家　港区青山高樹町三
小関　利雄　横浜国立大学　鎌倉市雪ノ下九二九
勝見　勝　美術評論家　渋谷区青葉町二一
川村　浩章　東京学大附小　練馬区下石神井二ノ三九
熊本　高工　教育大学構成専攻　武蔵野市吉祥寺
桑沢　洋子　デザイナー　港区赤坂青山北町四ノ七〇
小池岩太郎　東京芸術大学　新宿区下落合二ノ五七二
高橋　正人　東京教育大学　文京区小日向台町一ノ四七
武井　勝雄　文京区教育委員会　杉並区大宮前六ノ三
豊口　克平　産業工芸試験所　世田谷区池尻五三七　池尻住宅RA三四
長谷喜久一　教育大学附小　文京区小日向台町一ノ二九
中村　亨　横須賀市教育委員会　横須賀市上町四ノ
橋本　徹郎　デザイナー　港区青山南町六ノ四二
林　健造　お茶の水女子大　豊島区西巣鴨二ノ三九
藤沢　典明　千代田区今川小　千代田区四番町一
松原　郁二　東京教育大学　渋谷区神泉二〇
村井　正誠　画家　世田谷区玉川中町一ノ九二七
山口　正城　千葉大学　豊島区高松二ノ四〇
山脇　巌　日本大学　目黒区駒場町八六一

委員

浅見　茂　京都市六原小
新井　泉　女子美術大学
安野　光雅　東京武蔵野第四小
石井　輝夫　香川大学
市田　ナカ　京都市醒泉小
伊藤　昭二　東京石神井西小
伊東　正明　東京学大附中
伊与田　正　愛知学大附中
梅沢　正彦
大木　武雄　横浜市立松本中
大里　光春　東京九段中
大智　浩　目黒区上目黒七ノ一一一八
岡本　銈言　東京共立女子学園
勝井　三雄　教育大学専攻科
勝田　寛一　世田谷区桜丘小
加藤泰治郎　市川市教大分校
川口　四郎　愛知学大名古屋分校
木村　晴一　北海道遠軽中
救仁郷和一　東京文京一中
久野　真　名古屋市立工芸高
小山　清男　芸術大学
西光寺　亨　東京学大附小
佐口　七朗　北海道学大釧路分校
佐藤　光二　女子美術大学
佐藤　三郎　品川区荏原中
佐藤　義明　大塚高校
佐藤　諒　文京区千駄木小
島本　秀雄　姫路市船場小
清水　国夫　横須賀高校
末田　利一　芸術大学
杉本　昌男　横須賀市浦賀小
砂田　友治　北海道学大札幌分校
高山正喜久　教育大付属高校
滝口　修造　新宿区西落合一ノ一四九
竹田　信夫　東京学芸大学
田崎　昭作　練馬区大泉一小
田中　稔之　大田区赤松小
千葉　運孝　岩手大学
塚田　敢　千葉大学
辻　正人　大阪市立住吉中
筒井　茂雄　佐賀大学
坪内　千秋　学習院初等科
富田　民治　大阪府指導主事
豊田　敦　世田谷和光学園
長崎　盛輝　京都美術大学
中島　褐巳　横須賀市不入斗中
長南　光男　教育大学附中
錦谷　正　教育大学構成専攻
乗松　巌　女子美術大学
萩原　栄　山梨県中巨摩郡鏡中条小
服部　辰郎　文京区関口台町小
浜口　隆一　国立近代美術館
原田　仟三　福島大学
東　俊二　品川区原小
樋口　敏生　学習院初等科
平木　秀夫　静岡大学
広井　力　東京学芸大学
福井　勇　京都市嵯峨小
船本　治義　東京小石川工高
松上　茂　鳥取大学
松川　熈二　女子美術大学
間所　春　葛飾区南綾瀬小
真鍋　一男　鎌倉二中
水谷　武彦　都立大学
光永　直人　山口市湯田中
三好　二郎　都立工芸高校
武藤　重典　福島大学
山口　信郎　和歌山大学
山口　栄　名古屋市立工芸高校
大和屋　巌　葛飾区葛飾小
山田たかお　滋賀大附小
吉川　正己　都立駒場高校
米倉　正弘　世田谷区若林小
米田　重博　金沢美術大学
渡辺　賢一　大阪市立工芸高校
渡辺　力　大田区新井宿五ノ九七〇

光と動きの児童作品展

第二回のセンター展として、ガラスや写真による光りを扱つたものと、モビールなどの動きを主題とした工作の展覧会が八月十七日から二十二日までナビス画廊で開催されることゝなつた。夏期研究会期中である。

あとがき

創立総会に出たきりでその後集りがなく、さぞかし歯がゆく感じて居られることゝ思います。

実行委員は、展覧会や、八月の準備に、発足以来七月末まで十回程会をもつています。おいおい活発な活動が展開されることでしょう。しかし、規約も、会費や会員募集のことも、事業についても、すべて八月十九日の委員総会できめられることになります。暑さの折からですか、どうぞ皆さんふるつて日本橋まで足をはこんで下さい。

とりあえず造形教育センターニュースをお手もとに届けます。不手際ですが御活用下さい。（熊本）

図7、8　「造形教育センターニュース」第1号、昭和30年（1955）8月1日

向と、ぴったり一致しているように思われる。（＊19 勝見勝「デザイン教育」『造形教育センターニュース（第一号）』一九五五年八月）

ここに勝見は、造形教育センターの創立をもって自らが考えていた消費者の教育という側面が、一つの運動として動き出したことを実感していたのであろう。

第三節　造形教育センターの活動の展開

一、造形教育センターの活動の柱

造形教育センターは創立後、その活動を精力的に展開していく。主な活動としては、月例研究会、夏の研究大会、造形教育センター展（作品展）の開催、ニュースの発行等があげられる。以下に創立年の昭和三〇年（一九五五）に行われた活動を日を追って示してみる。

・六月十八日　創立総会（日本橋丸善五階会議室）
・七月十三日～十八日　第一回造形教育センター展「児童の集団画」（京橋ナビス画廊）
・八月一日　ニュース第一号発行（タイトルデザイン・編集　熊本高工）

・八月十七日～二十七日　第二回造形教育センター展「光と動きの児童作品」（ナビス画廊）
・八月十八日～十九日　夏期研究大会　委員総会（日本橋丸善九階）
・九月二十四日～三〇日　第三回造形教育センター展「紙彫刻と紙構成」（ナビス画廊）
・一〇月一日　ニュース第二号発行
・一〇月二十九日　第一回月例研究会　講師　岡本太郎「伝統とは何か」（東京教育大学）
・十一月一〇日～十五日　第四回造形教育センター展「線の造形」（ナビス画廊）
・十一月十二日　第二回月例研究会　講師　柳宗里「インダストリアル・デザインと造形教育」（丸善）
・十二月　一日　ニュース第三号発行
・十二月二十四日～三〇日　第五回造形教育センター展「ヴォリウムとオブジェ」（ナビス画廊）
・十二月二十六日　第三回月例研究会「一九五五年の反省と一九五六年の期待を語る会」（丸善）

創立後、半年間の活動としては、上記の間に実行委員会（常任委員会）、研究部委員会が開催されていたことも考えると、まずはその活動量の豊富さが目立つ。造形教育センター展においては、ほぼ毎月開催の五回を数えている。このセンター展では毎回テーマが設定され、会員が各学校で実践した作品が展示された〔図9〕。ニュース第二号では、この第一回展が各方面の関心をひき、反響があったことを報告している。また同年発行の『リビングデザイン第十一号』では、センターの活動とセンター展について山口正城と藤沢典明による文章と写真を掲載している。山口は、第三回展「紙彫刻と紙構成」〔図10〕〔図11〕の紹介で次のように述べている。

『紙で詩をつくる』という心持ちから紙の彫刻が生まれ、『紙で構造体をつくる』という態度から紙の構成が生まれる、ということができましょう。一方は遊びの心により、他方ははたらきの精神によるともいえます。しかしどちらにも、両者の要素が含まれていることは否定できません。さらに両者に共通する重要問題は、紙の性質や可能性を十分に活かすことです。金属、プラスチックなど、他の材料に適した形態を、紙に強制することはいましめたいものです。ただ、自然であるかぎり、紙の形態を他の材料に移すことはゆるされるでしょう。材料を征服するのではなく、材料を、作者である人間と同一のレベルにおき、対等に、親しく話し合うことから、真に美しく、新鮮で、創造的な造形が生まれるのです。紙は特にわれわれに親しい材料であることと、強情な技術的抵抗をもたないために、幼児にも大人にも創造的造形の無限のひろがりを約束していると思われます。（＊20『リビングデザイン（第十一号）』五十七頁、美術出版社、一九五五年）

これからも、造形教育センターの主眼が、それまでの民間教育団体が目指していた抑圧からの解放や社会的現実認識という側面ではなく、材料との関わりとそこから生まれる造形性をもとに、感性と知性の融合を図ることをねらいとして造形教育のあり方を探ろうとしていたことに置かれていたことを読みとれる。このセンター展は、翌年にも引き続き開催されていくのである。

八月には六〇名の会員が参加し、初めての研究大会が開催された（図12）。二日間の大会は、三つのテーマにもとづいて討論を中心に進行した。テーマは、「造形教育の現代意義」を高橋正人、「デザインについて」を勝見勝、そして「工作教育について」を松原郁二が担当し、各氏のオリエンテーションの後、討論が進められた。

図9　造形教育センター展

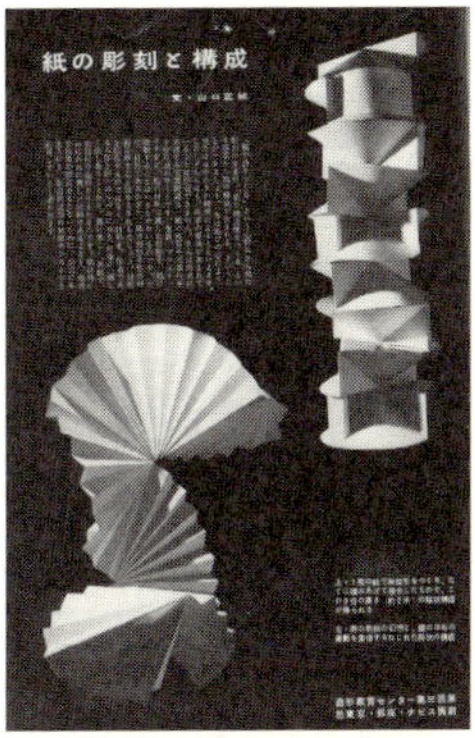

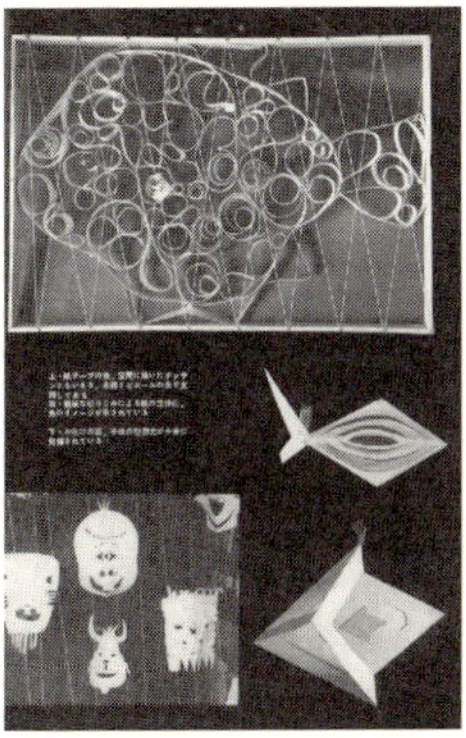

図10、11　「リビングデザイン」第11号（昭和三〇年（一九五五））にて紹介された、第3回造形教育センター展「紙彫刻と紙構成」

二日目の午後には、討論の締めくくりとして「造形教育のあり方」について話し合いが持たれた。その際、勝見勝は造形教育を「心情を主とする働きの図画、手の働きとしての工作、頭脳の働きとしてのデザイン、これらの三つを円に描いてみるとその関係がわかる」と、三つの側面から捉えて説明している（＊21）〔図13〕。高橋正人は、この勝見の説を受けて、その三つが今までの図画工作ではばらばらであったことを指摘し、三つの円がお互いに重なるところが造形教育のかたちになるのではないかと述べている。これらの討論からも、会として造形教育に対する研究の方向性を模索する姿を見ることができる。

この研究大会については、後年、松原郁二が『造形教育センター二〇年史』の中で次のように振り返っている。

当時のスクラップを開いてみると、その夏開催した造形センター第一回の研究会と委員会の新聞記事がある。そこでの提案者や発言者の中には、現在活躍中の面々や故人になられた山口正城、橋本徹郎、間所春さんなどのなつかしい名前がみえる。そのときの一致した結論は『造形教育とは、切り離された図画、工作、図案等の技法や知識の注入ではなく、頭、感情、手の融合に基づく創造活動である。』と。さらに勝見氏の発言で『造形教育は材料の抵抗に取り組んだ子ども達の自発活動による重要な創造活動だが、言語や文字を使わぬ作業的教科というので、一般教科に比べて軽視される傾向にあることについて会員一同のレジスタンスが必要だ』という提案を満場一致で採択している。（＊22『造

形教育センター二〇年史』一〇九頁、一九七五年六月）

また、この研究大会終了後、引き続き委員総会が開かれている。そこでは、今後の運営について審議されるとともに、委員長として高橋正人が満場一致で推薦された。（本人は委員長という立場を固辞していたが、後の記録では初代委員長となる）なお、造形教育センターでは、委員長を任期制とし、その後現在に至るまで二十六代の委員長が名を連ねている。

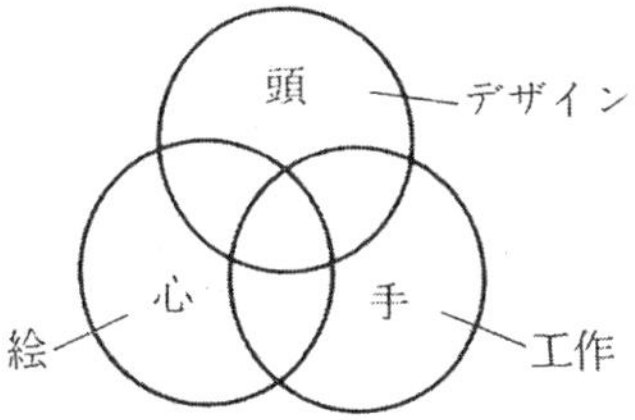

図12　夏期研究大会。昭和三〇年（一九五五）八月十八日―十九日（上）
図13　夏期研究大会にて勝見勝が説明した造形活動の関係図（下）

＊21　林健造「造形教育センターの歴史」『美術教育大系第一巻美術教育原理』六四頁、学藝書林、一九七二年

さらに、この年には三回の月例研究会が開催されている。岡本太郎や柳宗理を講師として招くなど、造形教育を広い立場から研究していこうとする会のねらいがうかがえる。この第二回月例研究会における質疑応答の中には、次のような記録が残されている。

構成教育は必要であるかという、綿谷氏の問いに対し、現在の小学校でやっているような構成教育に対しては、自分の経験からいつても疑問をもっているという柳氏の答に対し、勝見勝、小関利雄、高橋正人氏等が交々立つて、現在構成教育と呼ばれているもの、中にも、たゞパターンとしてモダンアートをとりあげているようなよくない構成教育もあるが、何とかわれわれの力でもつと生活に密着し創造性を高める真の構成教育を打ち立てたいとの熱心な意見が開陳された。（＊23『造形教育センターニュース（第三号）』七頁、一九五五年一二月一日）

このやりとりからも当時の造形教育において、どのように構成教育を位置づけていくかということは課題であり、そのことについて造形教育センターが、形式的な構成教育や狭義のデザイン教育を目指していなかったことがうかがえる。

この年には、造形教育センターの直接の活動ではないが、会員による著書も出版されている。武井勝雄による『構成教育入門』と間所春による『こどものための構成教育』である。戦前から構成教育に関わってきた両氏による著書が出版されるという状況からも、社会的にも構成教育に対する関心があらためて高まってきていたといえる。

二、活発化する活動とその多様性

翌昭和三十一年（一九五六）、二年目となる造形教育センターの活動は、より広がりを見せる。まず、造形教育センター展が七回開催され、順に「色彩とリズム」、「版画とプリントデザイン」、「はりえ・モンタージュ」、「新しい造形・人と花」、「クラフト」、「知らせるデザイン」、「新しい造形による家」のテーマが設定されている。これらの作品展では、造形教育やデザイン教育を単に内容領域や表現方法によって分断化するのではなく、まさに勝見勝がいうところの「動詞としてのデザイン」として捉えていることがわかる。ちなみにセンターニュース第七号（一九五六年十二月十五日発行）では、第十一回センター展（「知らせるデザイン展」一〇月三十日～十一月五日ナビス画廊）について次のように報告している。

ポスターは小学生にとっては、その機能性や形や色の分析のもとに製作することはなかなか困難で、未分化な心象表現に近いものが多いが、上級学校になるにしたがって今までの造形感覚、技術を駆使し、機能や社会心理を考慮した総合的題材として、ハリのある仕事が見られた。

なお今回は単にポスターだけでなく知らせる（コミュニケート）デザインというわけで、装幀、標識、表札、教室の名札、矢印、看板、壁新聞、旗、ネオン、ショーウインドウ、徽章、マーク、広告塔、バスや電車の色やライトなど多種多様なものが展示され、小学生のほほえましい作品からすっきりした大学生の作品までヴァラエティのある展覧会であった。（＊24『造形教育センターニュース（第七号）』一頁、一九五六年一二月一五日）

ここにも書かれているように、センター展では、東京教育大や佐賀大などの大学から桑沢デザイン研究所のような専門学校、そして国公立や私立を含めての小・中・高等学校まで、非常に多様な作品が展示された。このことは、造形教育センターが広く校種をまたがり研究の対象とすることによって、発達と系統性に即した造形教育のあり方を探ろうとしていたことがわかる。

また、この年に開催された研究会の内容からも造形教育センターの特質をうかがうことができる。「春の研究会」として三月二十八日に開かれた研究会では、テーマとして「産業デザインと造形教育」が取り上げられている。造形教育センターは、後年、社会との関係におけるデザイン教育と商業主義との結びつきについて一部批判の対象ともなるが、実際にはすでに二年目の段階で自らが産業デザインとの関係について討論する場を持っていたのである。このときの記録は、センターニュースとともに『リビングデザイン第17号』に詳しく掲載されている。この討論では、勝見勝を中心にデザイナーの剣持勇や原弘を迎え、高橋正人や武井勝雄も発言者として加わっている。この中で勝見は、テーマの設定について次のように述べている。

それから、こういうテーマが、どうしてとりあげられたかという根拠について、デザイン運動側の現状と美術教育側の現状とを、ごくかいつまんで説明しておいた方が、分りいいかと考えますので、私なりの見方を申しあげてみます。日本のデザイン運動も、今ではデザイナーという専門家がいるとか、産業にデザインが必要だとかいう啓蒙期は、大体卒業したようで、現在はグット・デザイン、良いデザインという問題を中心に、いわば国民的な広い視野に出てゆこうとしています。それと、現在デザイン運動を推進している人々は、すでにそうとうの年齢に達しておりますから、どうしても新しい世代の中から、次の時代を担っていってくれる人々が、出てきてほしいわけです。（＊25『リビングデザイン（第十七号）』一六頁、美術出版社、一九五六年五月）

この討論では、参加者が互いの立場から意見を交換することによって、教育におけるグッド・デザインまたはグッド・テーストというものの重要性を例にとりながら、広い視野を持ってデザインを捉えていこうとしている。そして、そこにこそ造形教育と産業デザイン（ここでは工業デザインと商業デザインを一緒に含めたものとして定義）との接点を見出そうとしている。このことからも、少なくとも後に商業主義と揶揄されるような表面的な部分でのつながりに造形教育の目的をおいていたのではないことが理解できる。勝見は、デザインの現場が戦前からの機能主義から商業主義へと変容していく中、消費者の教育を主張してきた。その勝見の先の発言にも表れているように、ここで求められているような造形教育を担う次の世代の育成に対し、その活動の一つとして造形教育センターも機能していたと考えられる。

六月三〇日には、一周年の総会とともに、美術教育における仮想の保守派と進歩派に分かれた模擬討論会「あなたはだまされていませんか」が開かれた。保守と進歩に分かれて討論するというスタイルをとったのは、当時の社会背景によるものとともに、一般に美術教育そのものが混沌としている状況において、一周年を迎えた造形教育センターが自らの立ち位置を会員全体で確認しようというねらいがあったのであろう。

また、この年を第一回として（前年の八月の研究会は夏の研究会としてはカウントされていない）八月二十四日、二十五日に夏の研究会が開催された〔図14〕〔図15〕。この研究会は実技を主体とした「ウォークショップ」がテーマとなり、「基礎的感覚訓練」、「平面構成」、「立体構成」、「デザイン鑑賞」の実技研修が実施された。現在、一般的に使用されている「ワークショップ」という言葉は、造形教育センターが最初に用いたものであった。このときにウオークショップには、全国から一一五名の参加者があり、熱心な取り組みが見られた。この試みは、確かに武井勝雄が反省として述べているように、それぞれの講師ごとに考えはまちまちであり、そこに一貫した造形に基礎となるような骨組みはまだ十分でなかったかもしれない。しかし、講師として大学の研究者と普通教育の実践者が指導にあたることによって、ウォークショップによる理論と実践の両面からの造形教育のあり方を探ろうとする会の姿勢は表れているといえよう。

図14（上）、15（下）　第1回夏の研究会（千代田区立永田町小学校）。昭和三十一年（一九五六）八月二十四日―二十五日

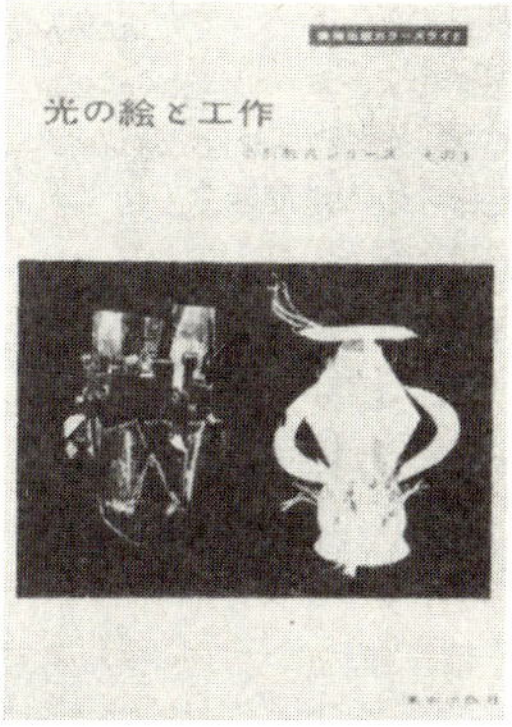

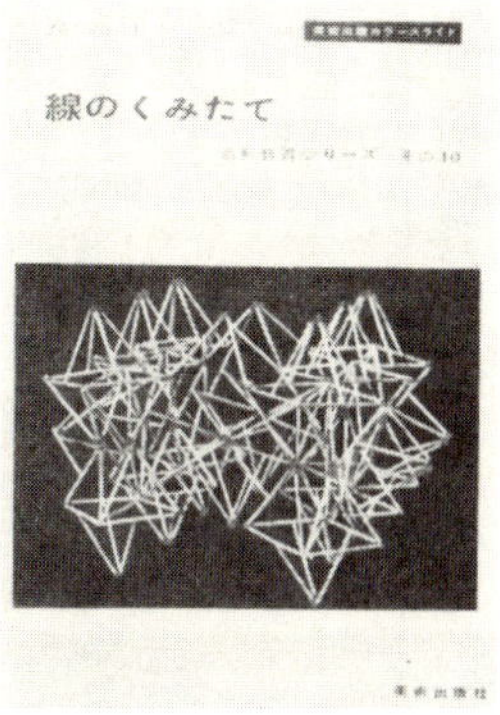

図16　カラースライド『造形教育シリーズ』

夏の研究会はこの年以降、毎年の定例の研究大会として現在に至るまで五十四回を数えている。これまでの夏の研究会のテーマを見ていくだけでも、その時代の造形教育、そしてセンターが課題としていたものが見えてくる。

さらに、これらの主要な活動とともに、この年に発売された（全十巻のうち五巻を発売、残り五巻は翌年発売）スライドの編集にも携わっている。これは、『造形教育シリーズ』〔図16〕として美術出版社から出されたもので、センターのメンバーである高橋正人、藤沢典明、熊本高工、小関利雄、川村浩章、中村亨が編集を担当している。各巻の内容は「光の絵と工作」、「線の造形」、「たのしい人形」、「コラージュ」、「オブジェの工作」、「飾りともよう」、「たのしいリズム」、「おもしろい家」、「立体の表現」、「線のくみたて」となっており、スライドとなっている作品は、それまでにセンター展に出品されたものから選ばれている。その意味では、これはセンターにおける実践を、教材を通して広く現場の教員に啓蒙しようとする一つの試みとしても捉えることができるであろう。

このように造形養育センターの活動には、二年目を迎え、研究団体として会員内部の活動とともに、そこで培われてきた実践や考えを外へと発信していく活動の姿も見られるようになってくる。この後、センターの活動が造形教育運動として社会に影響を与えていく状況については、次の節においてふれていきたい。

造形教育センター夏の研究大会・研究テーマの変遷

文責：小林貴史

回	開催日（会場）	研究大会テーマ
1	1956.8.24-25（東京・永田町小学校）	・ウォークショップ
2	1957.8.9-12（東京・東京教育大学）	・造形の基礎理念・造形教育の実際 ・実習
3	1958.8.1-4（東京・桑沢デザイン研究所）	・美術と技術・アイデアと技術・実習
4	1959.8.1-5（東京・東京教育大学）	「現代における造形教育の使命」・教育の中の造形の位置・絵によって育てるものは何か・デザインの基礎はこれでよいか・実習
5	1960.8.2-4（神奈川・箱根芦ノ湖）	「造形教育のシステムはこれだ」・造形教育におけるデザインの性格を明らかにする・造形教育のミニマルエッセンシャルズを明らかにする・造形教育の学年の系統性を明らかにする
6	1961.8.2-4（栃木・日光）	「デザイン教育の具体的諸問題」・子どものデザイン・自己表現とデザイン・感覚とデザイン・機能とデザイン
7	1962.8.2-4（東京・私学会館）	「子どもの造形とその教育を確立しよう」・造形の基礎学習・視覚伝達・機能造形
8	1963.8.9-10（東京・東京教育大附小）	「子どものデザインの確立」・子どもの装飾とデザイン・子どもの伝達とデザイン・子どもの機能とデザイン・子どものデザインとは
9	1964.8.2-4（北海道・札幌）	「子どもの造形能力とは何か」・発達段階に立つ学習内容をたしかめる・子どものデザインとは何か※第14回全道造形教育大会を兼ねる
10	1966.8.28-30（東京・東京都教育会館）	「造形教育のこれから」・造形教育の現代的視点・造形教育のシステムを確立する・子どもの実態をつかみ、明日のビジョンを育てるには
11	1967.8.7-9（神奈川・横浜集会所）	「造形教育の確立」・造形教育の実践をもちより－実態をあきらかにし－原理をもとめ系統をうちたてよう
12	1968.8.21-24（東京・東京学芸大附竹早小）	「造形教育の確立Ｎｏ．２」・造形教育の実践をもちより－実態をあきらかにし－原理をもとめ系統をうちたてよう
13	1969.8.12-14（静岡・浜松）	「造形教育の確立Ｎｏ．３」・造形教育の実践をもちより－実態をあきらかにし－原理をもとめ系統をうちたてよう
14	1970.8.4-5（東京・青山会館）	「70年造形教育、今日の課題」・実態の究明・方法の開発・理念の追求
16	1971.8.7-9（山梨・清里）	「造形教育、今日の課題」・原点からの出発・理論と実践によるその追求
17	1972.8.19-21（東京・番町小学校）	「子どもの造形の芽生えと発達」・自己表現・視覚伝達・使用機能・構造機構・材料技術・造形感覚
18	1973.8.21-23（岡山・岡山県総合文化センター）	「子どもの造形の芽生えと発達Ｎｏ．２」・自己表現・装飾欲求・視覚伝達・使用機能・構造機構・材料技術・造形感覚
19	1974.8.7-9（埼玉・三峯神社）	「子どもの造形の芽生えと発達Ｎｏ．３」・表現としての装飾欲求・つくることと子どもの発達・表現にひそむ伝達意識・造形表現のもとになる力
20	1975.8.5-7（東京・番町共済会館）	「教育の中における造形の意義」
21	1976.7.31-8.2（山梨・山中湖）	「造形教育の一貫性子どもの造形の芽生えと発達をふまえて」
22	1977.7.26-27（東京・自動車会館）	「造形教育の一貫性その２つくることの意味をたしかめよう」
23	1978.8.2-4（長野・志賀高原）	「造形教育の確立－子どもの造形行動を読みとり、造形教育の構造を明らかにしよう」
24	1979.8.2-3（東京・自動車会館）	「造形教育の確立その２子どものつくりだす力を見きわめ、育て方をさぐろう」
25	1980.8.6-7（東京・自動車会館）	「造形教育の望ましい姿－子どものつくりだす力を見きわめ、育て方をさぐろう」
26	1981.8.6-7（栃木・日光東照宮研修別館）	「造形教育の望ましい姿－子どものつくりだす力を見きわめ育て方をさぐろう」
27	1982.8.10-11（神奈川・横浜福祉センタービル）	「子どもの生活に生きる造形活動」
28	1983.8.3-5（岡山・倉敷）	「子どもとのコミュニケーション子どもの生活に生きる造形活動」

29	1984.8.2-3（東京・自動車会館）	「こらからの造形教育はどうあるべきか」
30	1985.8.1-2（東京・茗渓会館）	「これからの造形教育はどうあるべきかーひとりひとりの意欲と変容を探るー」
31	1986.8.4-5（東京・全林野会館）	「造形教育の現在を確かめようー子どものみる目、感じる心、構想する力をどうとらえ、どう育てるかー」
32	1987.8.5-6（栃木・宇都宮大谷資料館磐石荘）	「造形教育の現在を確かめようーふれあいを求めてひと・もの・かたちー」
33	1988.8.3-4（東京・自動車会館）	「造形教育の現在を確かめようー子どものみる目、感じる心、構想する力をどうとらえ、どう育てるかー」
34	1989.8.3-4（長野・乗鞍高原）	「ものをみる目、感じる心、今、子どもたちは…子どもの感性を育てる造形教育はいかにあるべきか」
35	1990.7.30-31（東京・自動車会館）	「造形教育を進める教師の役割を問うー私達は、ほんとうに子どもの自由な表現活動を保障しているのだろうかー」
36	1991.8.1-2（東京・自動車会館）	「造形教育を進める教師の役割を問うー私達は、ほんとうに子どもの自由な表現活動を保障しているのだろうかー」
37	1992.7.31-8.1（神奈川・川崎市産業振興会館）	「人間性の回復を求めてー造形教育の本質を問うー」
38	1993.7.30-31（東京・目黒星美学園）	「人間性の回復を求めてー造形教育に何ができるかー」
39	1994.8.3-4（栃木・サンシャイン益子会館）	「人間性の回復を求めてー伝統に生きづく明日の造形ー」
40	1995.8.4-5（東京・京王プラザホテル）	「心と地球をまもる造形教育」
41	1996.7.30-31（山梨・河口湖富士レークホテル）	「子どもと地球をまもる造形教育ーデザインする子どもたちー」
42	1997.8.4-5（東京・ホテルフロラシオン青山）	「子どもと地球をまもる造形教育ーデザインする子どもたちー」
43	1998.8.22-23（東京・アイビーホール青学会館）	「未来をひらく造形教育ーものにふれあう子どもたちー」
44	1999.8.9-10（岩手・花巻温泉ホテル千秋閣）	「未来をひらく造形教育ーふれあいの中に学びの姿をみるー」
45	2000.8.7-8（神奈川・かながわサイエンスパークksp他 ）	「明日を創る造形教育ー心の基盤を求めてー」
46	2001.8.8-9（岡山・まきび会館）	「明日を創る造形教育ー子どもが輝く瞬間ー」
47	2002.8.5-6（神奈川・メルパルク横浜）	「今を生きる造形教育ーともにつくり、ともに育つ子どもたちー」
48	2003.7.31-8.1（新潟・こども自然王国）	「地球をデザインする造形教育ー生命（いのち）・時（とき）・環（わ）ー」
49	2004.7.30-31（箱根・函嶺白百合学園）	「つくる子どもたちー夢・私・そして未来ー」
50	2005.7.31-8.1（東京・桑沢デザイン研究所）	「つくる子どもたちー夢・私・そして未来IIー」
51	2006.7.30-31（群馬・榛名町ゆうすげ元湯）	「デザイン教育ふたたびーセルフエデュケーションで拓く子どものデザインー」
52	2007.7.29-30（神奈川・森村学園）	「実践を通して深めよう！デザイン教育」
53	2008.8.2-3（東京・東京造形大学）	「つくる楽しさ、学ぶ楽しさがあふれる造形教育をめざしてーみるつくる考えるー」
54	2009.8.1-2（東京・お茶の水女子大学附属中学校）	「つくる楽しさ、学ぶ楽しさがあふれる造形教育をめざしてIIーつくる考えるみるー」
55	2010.7.31-8.1(山梨・河口湖森と湖の楽園)	「つくる喜び×創造経験ーつきぬけるときをめぐってー」

第四節　教育運動として造形教育センターが果したもの

一、社会へ発信していく場としてのセンター展

造形教育センターの活動として活発に開催された造形教育センター展は、第十五回の総合展を含め三年間のうちに合計十八回に及んでいた。そして、昭和三十三年（一九五八）八月、それまでの作品展の成果をもとに、さらに広く社会に発信していく場として、その会場をデパートに移した。第十九回造形教育センター展「造形するこども」（日本橋高島屋・八月二十六日〜三十一日）〔図17〕である。このセンター展については、ニュースにおいて次のように報告されている。

センターが誕生して三年、第一回展集団作品以来、色、光、線、面、量、紙、土、新聞紙、空箱、空かん、クラフト、絵と版画、人、花、動物、つなぐなど、テーマ、要素、材料、技法などまとまった展覧会を銀座ナビス画廊で回を重ねて来たが、第二十回三年を記念して（註4）デパートで総合展をしようということになつた。デパートで開くことは社会の関心が多く集まるのは言うにおよばず六万人の入場者を得、直接会場にのぞまなかった人々にも、新聞、テレビ、ニュース、雑誌などでこの記事が数十万の人々に報道さていることで、如何ほど展覧会の意義があつたかは計り知ることがで

きるであろう。（中略）

総合展であるから、造形教育というものの何から何までの全貌をダイジェストにして見せたい。しかも見る方には楽しく、問題をもたせて見せたいとねがい幼児の自然発生的な造形活動から普通教育ではどんな仕事をして専門教育ではどう深めて、民衆の生活の中にはどうつながつて行くものであるかを示そうと計画した。しかも大阪の写真で子どもの活動状況を見せようとし、作品は幼小中高大学まで平面立体と広い視野の中から陳列され、ところどころに説明文をそえたり、クイズ的な陳列も試みた。

しかもこれは学校や作者の名誉をかけて優劣を競う公募展とは違う。誰がどんな指導をしているのかを比較する為のものでもないので、学校名、作者、指導者の氏名などは一切付されなかつた。陳列の日まで学年だけはつけるつもりで用意していたが、ディスプレーした時にはこれがうるさいというので年令もつけなかつた。賞も賞状もない。（＊26『造形教育センターニュース第（一二号）』六頁、一九五八年十月二〇日）

同展開催に際してつくられた案内状〔図18〕〔図19〕には、造形教育におけるねらいと内容について、四つの側面から造形教育センターの考えが記されている。そこでは、自由な子どもの造形活動を大切にすること、内容や方法は遊びから学習へと成長とともに計画的、系統的にプランすること、形や色、または材質

図17　第19回造形教育センター展「造形する子ども」（日本橋高島屋）

図18（上）、19（下）　同展案内状

註4　実際に昭和三十三年に日本橋高島屋で開催されたセンター展は第一九回となる。

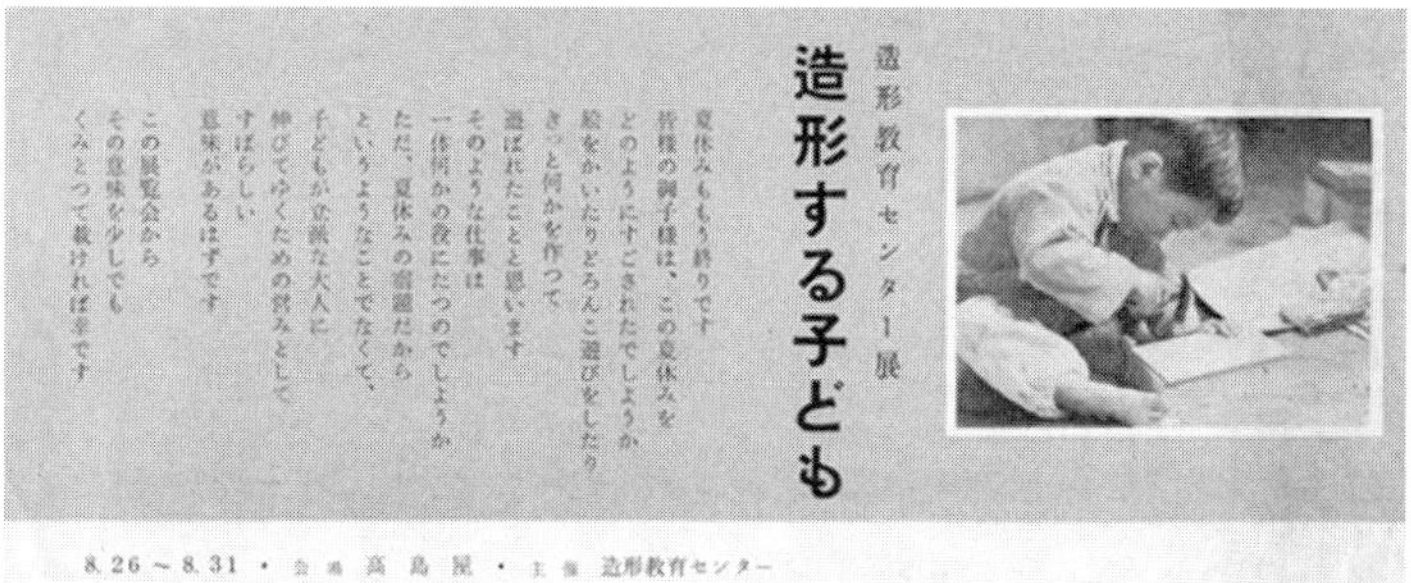

造形教育センター展

造形する子ども

夏休みももう終りです
皆様の御子様は、この夏休みを
どのようにすごされたでしょうか
絵をかいたりどろんこ遊びをしたり
きっと何かを作って
遊ばれたことと思います
そのような仕事は
一体何かの役にたつのでしょうか
ただ、夏休みの宿題だから
というようなことでなくて、
子どもが立派な大人に
伸びてゆくための営みとして
すばらしい
意味があるはずです

この展覧会から
その意味を少しでも
くみとって戴ければ幸です

8.26～8.31・会場　高島屋・主催　造形教育センター

1、造形の芽ばえ

幼い子どもは、障子をやぶったり、水遊びをしたり、顔中泥まみれにしてゆかいにはねまわったりします。

そして造形的な欲求を満足させ心の安定をはかり、一日一日大きく育っていくのです。

だからこのような、子どもの自由な動きやそこから生れる作品をみつめることによって、その子どもの心の動きや、頭の活動や手の働きを知ることができます。

ぬりえをやらせたり、絵を描くことを強いたり、無理にものを作らせることは止めて、自由な子どもの造形活動を大切にしましょう。

幼稚園や小学校での教育も、出発点をここに求めているのです。

2、造形の成長

—よろこびから考えへ—

自由に絵を描いたり、ものを作ったりする体験をくりかえすことによって、ものをみつめる力や、豊かな心や、鋭い感覚や、ものを合理的に考える力や、そしてそれらを創造的に表現することのできる態度や実行力が育っていきます。

こうした造形能力も子どもの成長と共に変ってきますので、学習の内容や方法も年令に応じてできるように計画的系統的にすゝめられます。

自由な表現、テーマや目的を持った表現、構成的な表現、感覚練習などがその主なものです。

また、共同して描いたり作ったりする仕事も試みたりして、造形教育は遊びから学習へと除々に進められていくのです。

3、造形の骨ぐみ

—形や色と材質など—

およそ物を作るとき、アイデアやそれにまつわる思索が必要であることはいうまでもありません。

そしてそれは造形ということを離れて、もっと広い意味の人間の思想をも形造っていくのです。

一方、形や色、または材質の構成する秩序を学びとっていくには無意識的な遊びの形から更に進んで感覚や知識及びこれと結びついた技術の学習が意識的に行われて積み上げられていかねばなりません。

人間の創造精神はこうした造形の骨ぐみによって、作品となり、訴えかける力を持つようになります。

造形の骨ぐみともいうべきこれらの要素は、デザインの仕事は勿論、すべての造形表現に欠くことのできないものです。

4、生活と造形

—生活文化の向上へ—

私たち人間は生活をより美しく便利にしようとしていろいろなものを創りました。

ここで創った高価なものが必ずしも私たちを豊かにしてはくれなかったように、人間の創ったものがかえって生活を貧弱なものにしている場合もあります。

マスプロの現代でいえば需要者側にたつ人の判断が、より良いものを育てたり、悪いものを生み出したりしているともいえます。

私たちの生活をめぐるいろいろな造形物を批判的に見、考え、選択し鑑賞することが、生活をより健康で豊かなものに育て、ひいては文化を向上させることの一助になると考えます。

造形教育では、より豊かな人間社会を作るために、よいデザインに対する理解と感覚をたかめる仕事も大切に考えているのです。

◎造形教育は、以上のようなねらいや内容をもって行われているわけですが、つまるところそれは次の世代の日本を、明るく平和なすばらしい国にすることのできる人間を育てるということで、それは今日の大人のみんなが果さねばならぬ責任でもあるわけです。

今は、教育の方向が大きくゆれうごいている時代です。この中で造形教育はどのような歩みをつづければよいか、私たちは更に研究を重ね、道を誤らないようにしなければならないと考えます。

皆様もこれを機会に造形教育に関心をお寄せ下さってその歩みを見守って下さるよう御ねがい致します。

MEMO

を構成する秩序、そしてアイデアやそれにまつわる思索という造形の骨組みともいうべき要素が、すべての造形表現には欠くことができないこと、そして私たちの生活を取り巻くいろいろな造形物を批判的に見て、考え、選択し鑑賞することが、生活をより健康で豊かなものに育て、文化を向上させることを助けることが述べられている。

センター展は、会場をデパートにしたことによって、来場者は教育者や作品の出品関係者にとどまらず、一般の子どもや保護者、そしてデパートを訪れた多くの人々へと、その範囲を広げていったことが推測できる。この日本橋高島屋でのセンター展の後、しばらくの期間をおいて昭和三十八年（一九六三）より再びデパートを会場としたセンター展を再開する。まず、昭和三十八年（一九六三）八月には、池袋西武百貨店にて「現代っ子の夢にこたえる展」（八月二日～七日）を開催する〔図20〕。そして、昭和四〇年（一九六五）には、ＩＮＳＥＡ協賛によるセンター展「子どものデザイン展」（七月三〇日～八月十一日）を銀座松屋にて開催する〔図21〕〔図22〕。銀座松屋では、この翌年から昭和五〇年（一九七五）まで毎年センター展を引き続き開催することとなる。昭和四十二年（一九六七）のセンター展「未来を創る子どもの造形展」（八月十九日～三十一日）では、作品展のみならず期間中に「絵を描く会」と「子どもの絵・デザイン相談室」を開き、センターの主要な会員が指導にあたるなど、センターの活動の方向性がさらに外に開かれていくこととなる。

また、銀座松屋においては、このセンター展と平行して造形教育センター常設展「お子さまギャラリー」が設けられた〔図23〕。お子さまギャラリーは、昭和四〇年（一九六五）十一月から四十四年（一九六九）五月まで全四十七回が開催された。ここでは毎回テーマが設けられ、それぞれにこちらもセンターの会員が担当している。

　このように、造形教育センターの活動におけるセンター展の開催を見ても、造形教育センターが研究会

図20　現代っ子の夢にこたえる展（西武池袋本店）

図21　子どものデザイン展（松屋銀座）

図22　子どものデザイン展レセプション

図23　造形教育センター常設展「お子さまギャラリー」（松屋銀座）

を通して会員相互がその内側の力を培おうとしていたのとともに、そこでの実践をもとに広く社会を啓蒙していこうとしていたことがわかる。またこの背景には、昭和三十三年(一九五八)の学習指導要領の改訂において、小・中学校に「デザイン」が導入され、昭和三十五年(一九六〇)には、日本で「世界デザイン会議」が開かれるなど、広く社会一般にもデザインに対する関心の高まりがあったことも忘れてはならない。その意味では、造形教育センターの活動が社会の求めに呼応していた時代であったのだろう。

二、教育課程改訂と教育行政へのはたらきかけ

ここでは、造形教育センターが教育運動機関としてどのような活動をおこなったのか、教育課程改訂に対する運動の側面から見ていきたい。第一節においてもふれたように、戦後昭和二十二年(一九四七)、二十六年(一九五一)に試案として出された学習指導要領は、昭和三十三年(一九五八)に法的拘束力を持った文部省告示として出されることとなる。この三十三年の改訂にあたっては、前年の夏あたりから中学校における音楽・図工などの教科の改編、または削減、廃止などといったことが噂されていた。そしてあらためて九月の文部省の発表に対し、造形教育センターは昭和三十二年(一九五七)一〇月十二日に緊急常任理事会を開いて次のことを決定している。

・声明書、要望書の発表・提出・配布

・日本美術教育連盟に加盟
・本部より五千円を連合へとりあえず送り、会員よりカンパ
・署名運動、世論喚起に立つ
ここで文部省教育課程審議会に声明書とともに提出された要望書には、「教育課程改定に対する図画工作科の要望」として次のように書かれている。

私どもは、造形教育が人間形成及び産業の振興につながる使命の重要性に鑑み、とくに基礎教育としての小・中学校における図画工作科の諸活動を通して、日夜鋭意努力しております。

目下文部省の教育課程審議会において、道徳教育の徹底、基礎学力の充実、職業的陶冶の強化等を目指して、教育課程の審議が行なわれていると承りますが、造形教育の特性としての美及び実践性と、道徳教育の関係、また科学技術教育とその基礎としての造形教育との関係はきわめて密接であると存じます。

造形教育の重視は、道徳教育及び科学技術教育の向上徹底にも大きく寄与するものであると存じます。

この故に、教育課程の改定に際し、造形教育の充実向上こそ、この度の改定意図達成の方向であると確認され、時間数の削減及び中学三年における図画工作科選択等の処置なきよう造形教育センター

一同連名をもって強く要望いたします。

この要望書では、教育課程改訂における図画工作科軽視の傾向に対して、造形教育の重要性を強く訴えている。また同じく要望書には、「造形教育の使命と現況」として「Ⅰ　造形教育の考え方」、「Ⅱ　美と秩序」、「Ⅲ　実践性」、「Ⅳ　国際理解とわが国造形教育の水準」についてそれぞれ記されている。この中の「Ⅰ　造形教育の考え方」では、造形教育が従来の絵を描いたり、粘土でものをつくる感情表現の世界だけにとどまらない、デザイン、建築、工芸等より広い領域における色や形に関する秩序や機能や技術を、感覚を通して実践的に教育することをねらいにしていると説明している（註5）。

結果的には、昭和三十三年（一九五八）に告示された学習指導要領では、中学校の図画工作科は「美術科」と「技術科」が新設されたことによって分離されることとなった。美術と技術とを結んだ新しい造形教育の確立を目指してきた造形教育センターは、この分離に対しては反対であったが、一方でこの改訂において、小学校の図画工作科と中学校の美術科に「デザイン」が導入されたことは、センターの主張が受け入れられたとも捉えることができる。

そしてこの背景には、要望書の提出以上に、学習指導要領改訂時の教材等調査研究会の小学校図画工作小委員会十六名の中に、造形教育センターの会員九名が所属していたことがあげられる。その九名は、武井勝雄、長谷喜久一、中村亨、林健造、藤沢典明、安野光雅、西光寺亨、山口実、米倉正弘であった。また、中学校・高等学校美術小委員会には、小池岩太郎、救仁郷和一と後に桑沢デザイン研究所所長となる高山正喜久の三名が所属していた。つまり、図画工作と美術の教材等調査研究会の委員として、合計十二名もの造形教育センタ-の会員が所属していたことになる。そして、そのうちの六名は造形教育センター創立の発起人でもあった。このことを見ても、三十三年の学習指導要領の改訂に造形教育センターの主張が少なからず反映されていたことが推測できるのである。

また、造形教育センターは昭和四十三年（一九六八）の学習指導要領の改訂に際しても文部省にはたらきかけている。センターでは、指導要領改訂の発表に対して、昭和四〇年（一九六五）の十二月からそのための研究会を開いている。そして、これらの研究会を経て、昭和四十一年（一九六六）七月一日、翌四十二年（一九六七）八月九日の二回にわたって教育課程審議会へ要望書を提出した。ここでは、「改訂教育課程と指導要領に対する要望書の骨子」として、次の三項目があげられている。

1. 教科名を造形科とすること。
2. 中学校美術科、各学年二時間を最低限度とすること。
3. 中学校美術科を造形科に改め、工作を復活すること。

註5　要望書には、造形教育センター委員として、桑沢デザイン研究所長・桑澤洋子も名前を連ねている。

この中の「造形科」については、教育課程審議会の答申の中にも図画工作という名称について「たとえば『造形』等の適切な名称に改めることも考慮する」と盛り込まれた。このことによって、それに反対する立場の主張も表面化し、様々な論議を呼ぶこととなった。最終的に教科名については従来のままとなるが、新たな学習指導要領では、小学校図画工作科の目標として、その中に「造形」の文言が多用された造形主義的色彩の強いものが告示されることとなった。また、中学校美術科では、その内容に「工芸」が加えられ、小学校の「工作」との関連が図られた。

このように、造形教育センターの活動には、一部の教育者のみならず広く社会一般へ、そして教育行政へと、自らが教育運動機関としてはたらきかけていく姿を見ることができる。そして、これらの活動は、戦後の美術教育がその方向性を模索する中にあって、「造形」というキーワードをもとに、少なからずの影響を与えてきたといえる。

そして、このような研究組織、また教育運動機関としての活動を可能とした要因としては、造形教育センターの会としての特質があげられる。それは、会の設立においては勝見勝、高橋正人という二人の理論的支柱を頼りとしながらも、その後は会の中心となる委員長を始めとした本部役員の任期を二年に限定するなど、常に新しい考えを取り入れながら、幅広い分野と年齢層の会員によって、会の運営と研究への取り組みを進めてきたことにも表れている。本論において取り上げたものは、造形教育センターの初期における活動の一部であるが、センターはこの後、五十五年という活動の歴史を重ね現在に至っている。そして、何よりもこの長きにわたる活動を通してセンターが果した役割とは、理論と実践をもとにした会員相互の切磋琢磨の中から、広く造形教育に関わる人物を育成し、社会に輩出してきたことであろう。

第三章
桑沢学園と普通教育における造形教育運動の展開

春日明夫

（上）　桑沢デザイン研究所青山校舎。昭和 29 年（1954）
（下）　東京造形大学八王子キャンパス。昭和 42 年（1967）

第一節　桑澤洋子と桑沢デザイン研究所

一、造形教育運動の萌芽

普通教育、すなわち小学校や中学校の図画工作科や美術科の学習内容に初めて「デザイン」という「内容」が導入されたのは、昭和三十三年度版（一九五八）「学習指導要領」からである。しかし、それ以前にも「デザイン」という言葉は一部の教科書で使われていた。筆者の収集した教科書から分析してみると、その中で比較的早い時期にデザインという言葉を用いた教科書は、昭和二十六年（一九五一）四月発行の『標準中学図画工作1～3』（財団法人図画工作研究所、後藤福次郎理事長）〔図1〕である。一年生では、「図案のしかた」という題材にグリーティングカードやポスターという新しい言葉は出てくるが、デザインという言葉はまだ使われていない。二年生の「ポスターとカード」という題材で「新せんなデザイン」という言葉が初めて登場する。三年生では、「ラジオ・キャビネット」、「書だな」、「電気スタンド」という題材に「デザインしてつくる」、「デザインを討議して」、「自分のすきなものをデザインし」、「デザインや色には」と四カ所も登場している。また、翌二十七年（一九五二）四月発行の『中学新図画工作I～III』（図画工作株式会社　後藤福次郎、高橋正人、山形寛、山脇巌、室靖 他）』では、一年生の「ポスター」という題材に「自分でデザインし」とある。二年生は、「交通機関のデザイン」、三年生では、「公共建築のデザイン」と題材名にデザインという言葉が使われている。題材名そのものにデザインという言葉が使われたのは、おそらくこのページが最初であろう。次に、その二種類の教科書が発行される以前はどうだろうか。昭和二十三年（一九四八）五月発行の『中学図画工作1～3』（日本教育図書株式会社 手塚又四郎、松田義之、三苫正雄 他）では、一年生「図案化」「模様図案」、二年生で「器具の図案構成」という言葉を用いているが、一切デザインという言葉は出てこない。続いて、昭和二十六年（一九五一）一〇月発行の『造形1～3』（光村図書出版株式会社 梅原龍三郎、小泉篤男、岡鹿之助、小池新二、山形寛 他）〔図2〕では、二年生で「商業図案」「宣伝図案」という題材がある。その中で「美しい適切な図案（デザイン）ではと、（　）内に補足的に表記している。三年生では、「電気スタンド」という題材で「かさのデザイン

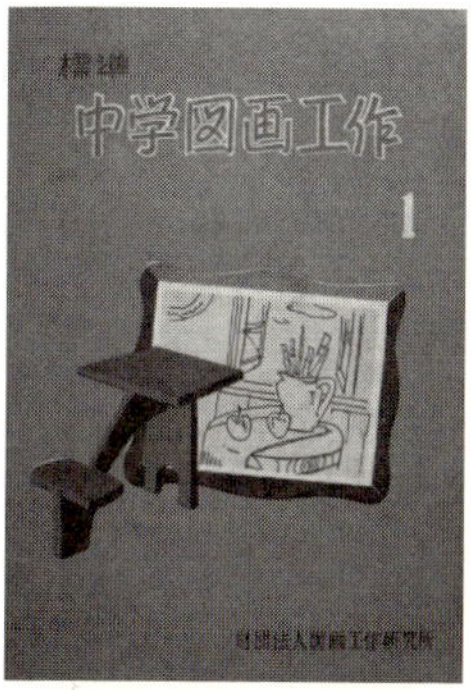

図1『標準中学図画工作1』財団法人図画工作研究所 昭和二十六年（一九五一）（上）

図2 梅原龍三郎監修、造形教育研究会編著『造形2』昭和二十六年（一九五一）（下）

や色」とある。ただ、この教科書で大いに注目しておきたいことは、教科書の題名が「図画工作」ではなく「造形」としている点である。そして、昭和二十八年（一九五三）一〇月発行の『中学の図画工作1〜3』（大日本雄弁会講談社 松田義之、倉田三郎、武井勝雄 他）では、二年生に「工芸の図案」「家具の考案」「商業美術」とある。三年生では、「服飾図案」「住宅の構想」とあるが、デザインという言葉は一切出てこない。そして、その数年後の昭和三〇年（一九五五）六月発行『新造形美術1〜3』（国民図書刊行会 勝見勝、小関利雄、山口正城 他）〔図3〕においては、「ポスターのデザイン」という題材がある。しかし、この教科書ではデザインという言葉以外にも「構成」や「造形」といった言葉が混在し、さらに「図案」という言葉も一部用いられている〔図4〕。つまり、これまで例に挙げた教科書から判明できることは、この時点（学習指導要領改訂まで）においてデザインの学習分野における用語の統一化が明確ではなかったことである。また、当時の一般的な「中学校図画工作」という名称に対して「造形」という新しい言葉も既に使われていたことが分かった。いずれにしても、昭和三十三年度版「学習指導要領」が改訂される以前から、「デザイン」や「造形」という用語が一般社会や学校教育の中に徐々に浸透してきていることが理解できるのである。

現在、デザインや造形という言葉は一般社会や教育界において完全に定着している。しかし、実はこの「デザイン」や「造形」という言葉や概念が一般社会や教育界に認識されるまでには、様々な運動や活動が組織的に展開された経緯があった。特に小・中学校や高等学校の普通教育、また専門学校や大学の高等教育においては、かなりの紆余曲折を経て現在に至っている。本節では、この学習指導要領で示された「デザイン」の「内容」や「目的」等を分析しながら、一般社会にデザインが定着してきた要因を考察していきたい。そして、その方法の一つとして、デザインや造形教育に様々な影響を与えたといわれている桑沢学園（桑沢デザイン研究所と東京造形大学からなる学校法人）の創立期に焦点を当てながら、具体的にどのような影響を与えてきたのかを明らかにしていきたい。

桑沢デザイン研究所は、昭和二十九年（一九五四）四月二〇日（設置認可）に、当時の東京都港区赤坂青山北町四丁目七〇番地に木造モルタル二階建ての小さな校舎でスタートした。現在の港区北青山の住宅街にある臨済宗実相禅寺付近で、地下鉄銀座線外苑前下車数分の場所である〔図5〕。当時も都電の停留所

図3　勝見勝・小関利雄・山口正城等編集『新造形美術2』国民図書刊行会・昭和三〇年（一九五五）（上）

図4　「シルエット構成」『新造形美術2』国民図書刊行会 昭和三〇年（一九五五）より（下）

から数分という立地条件は良い場所であった。その頃のことを服飾デザイナーの浜村順が『リビングデザイン』の創刊号で次のように解説している。

地下鉄を外苑前でおりて、神宮競技場に向かう路地を左折すると、「ＫＤＳ」—桑沢デザイン研究所の標示板にぶつかる。神宮外苑に近い閑静な場所……とでもいえば、甚だスマートだが、ほんとうはゴタゴタした、いわば、陽の当たりにくい場所。とにかく小じんまりした建物である。桑沢さんは、いまこのＫＤＳで頑張っている。……少なくともひる（正午）ごろから夜の九時ころまでは。建築家の清家清、デザイナーの剣持勇、橋本徹郎、彫刻家の佐藤忠良や画家の朝倉摂。ブレーンには評論家の勝見勝、それに片腕となっている高松太郎。ＫＤＳがささやかであろうと、こうした人たちにささえられ、デザインに語り明かす桑沢さんの生活は、花々しい洋裁王国の神様がたより幸福ではないか、とぼくは思っている。（＊1『リビングデザイン（創刊号）』美術出版社、一九五五年一月）

桑沢デザイン研究所の第一回入学案内『桑澤デザイン研究所ガイド』（昭和二十九年四月発行）〔図6〕によれば、ドレス科（Ⅰ部デザインクラス、Ⅱ部技術クラス）、リビング・デザイン科の二科が設置されていた。所長は桑澤洋子、講師には橋本徹郎、佐藤忠良、朝倉摂、桑澤かね子、松本好美、矢島みさ子、東昇、石山彰、勝見勝、金子至、神之村あやめ、剣持勇、清水幾太郎、清家清、高松今男、丹野郁、塙経亮、林進、八木沼貞雄、渡辺力等の名前が連なっている（入学案内では教師と講師とを分けて明記）。また、後の項で詳しく述べることになるが、これらの講師陣の中で後の東京造形大学創立期の教員として教壇に立つ人物が八名いる。そして、デザイン教育運動のスパイラル的存在となる民間美術教育団体「造形教育センター」（昭和三〇年六月発足）の創立会員として、桑澤洋子所長や勝見勝、橋本徹郎、渡辺力など五名の人物が含まれているのである（註1）。つまり、小・中学校や高等学校の普通教育における初期デザイン教育や造形教育と桑沢デザイン研究所との関係が非常に密接だったことが、これらの人物や数字によって浮上してきたのである。

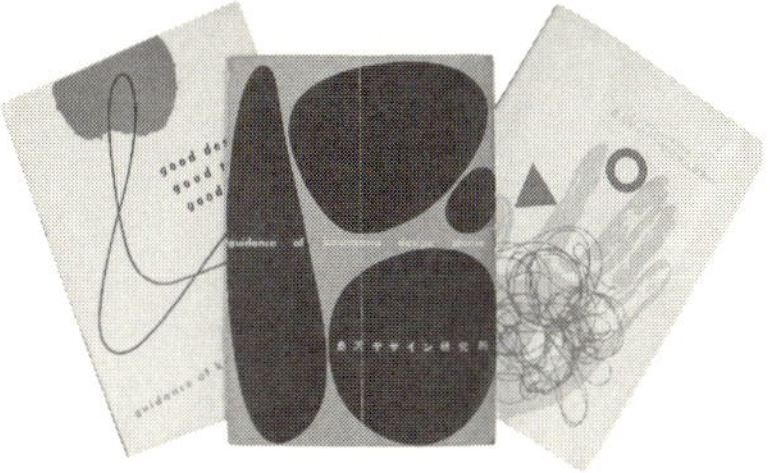

図5　かつて桑沢デザイン研究所青山校舎があった場所の現在の風景（東京都港区青山付近）（上）

図6『桑沢デザイン研究所ガイド』左より昭和二十九年（一九五四）、三十一年（一九五六）、三十三年（一九五八）（下）

註1　設立委員及び発起人として勝見勝、高橋正人、橋本徹郎、桑澤洋子、豊口克平の五名。委員として勝井三雄、高山正喜久、滝口修三、塚田敢、濱口隆一、真鍋一男、渡辺力がいる。なお、高松太郎も設立委員会には出席しているが会員ではない。

次に、桑澤洋子本人、あるいは桑沢デザイン研究所の創立とデザイン教育や造形教育運動との関わりについて考察していくことにしたい。先ずは、桑澤洋子がどのような背景と経緯によって桑沢デザイン研究所を創立させたのか、日本のデザイン運動の歴史や当時の社会的背景を考えながら確認しておくことにしたい。第一章の「日本の造形教育の夜明け　バウハウスの予備過程と日本の構成教育」において、桑澤洋子と「新建築工藝学院」の創立者である川喜田煉七郎などについて、構成教育の視点から概説されている。ここでは、それらの要旨を受けて、さらに桑沢デザイン研究所の創立の経緯を詳しく探りながら、普通教育や高等教育におけるデザインや造形教育との関係を考察してみることにしたい。

二、川喜田煉七郎の新建築工藝学院と造形教育

桑澤洋子は、明治四十三年（一九一〇）十一月七日に東京の神田に産まれた。生家はラシャ問屋で六人姉妹の五女であった。旧神田高等女学校（現神田女学園中学高等学校）を卒業し〔図7〕、昭和三年（一九二八）に女子美術専門学校（現女子美術大学）の師範科西洋画部に進学して西洋絵画を学び、同七年に卒業した。この女子美術専門学校とは、当時東京都文京区本郷の東京帝国大学に近い、通称「菊坂の女子美」と呼ばれていた、女子のための唯一の美術学校である〔図8〕。桑澤洋子著『ふだん着のデザイナー』（平凡社、昭和三十二年発行）によれば、「二十三才（数え年）の春、女子美術卒業と同時に、私は長い髪を

切り、和服を完全にぬいで洋装になった。そして、絵画を完全にやめる覚悟をきめた」（＊2）とある〔図9〕。この文章から、当時女性として職業的自立を決意した桑澤の様子がよく分かる。彼女は、卒業後に取りあえず神田神保町のカフェの店員として働きながら、出版社のアトリエ社からペン画仕上げの内職仕事をもらって生活をしていた。その後、神田のカフェの店員を辞めて新宿区牛込にある小さな印刷会社の編集部に助手として就職した。この会社は、主に軍人志望者向けの参考書を出版していた。彼女はこの会社で校正や挿絵、カット描きなど、いわゆる編集業務の仕事をこなしていたが、同時に自分の本来進むべき道を

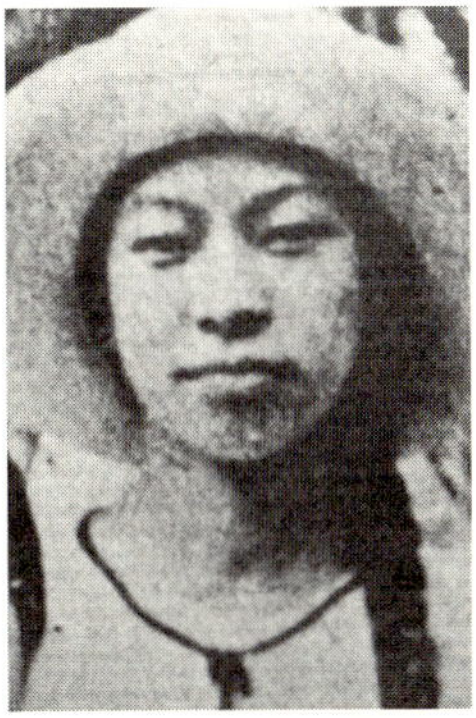

図7　旧神田高等女学校3年の頃の桑澤洋子（大正十四年〔一九二五〕）。『桑沢洋子先生66年のあゆみ』（昭和五十二年〔一九七七〕）より

図8　桑澤洋子が在学した女子美術専門学校菊坂校舎（昭和四年〔一九二九〕頃）。『女子美術大学80年史』（昭和五十三年〔一九七八〕一〇月）より

図9　桑澤洋子「自画像」板・油彩。昭和七年〔一九三二〕頃。桑澤弘幸氏蔵

＊2　桑澤洋子「最初の職業」『ふだん着のデザイナー』四〇頁、平凡社、一九五七年

模索していた時期でもある。そして、この会社の編集部に勤めて半年経った頃、ついに彼女の人生の方向を決定づける学校の存在を知るのである。その学校とは、川喜田煉七郎が主催する「新建築工藝学院」である。そして、彼女は昭和八年（一九三三）その夜学へ入学したのである〔図10〕。

川喜田煉七郎という人物は、筆者のような造形教育の研究者にとってはよく知られた名前である。それは、武井勝雄との共著『構成教育大系』（学校美術協会刊、昭和九年発行）の著者として知られているからである。しかし、その反面かなり謎めいた人物ともいえる。それは、彼の詳しい素性や業績等が不明な点が多いからである。また、知名度があるわりには、彼自身を研究テーマにした論文等も数少ない。したがって、ここでは桑澤洋子との関わりを中心に、川喜田の経歴や交友関係等を確認しておくことにしよう。

第一章第二節で少しふれたように、川喜田煉七郎は明治三十五年（一九〇二）に生まれ、昭和五〇年（一九七五）に亡くなった。彼は、大正十三年（一九二四）に東京高等工業学校付設工業教員養成所建築科（別名蔵前高等工業、現東京工業大学）を卒業し、日本の近代建築運動の先駆をなしたグループ分離派建築会〔註2〕に所属していた建築家である。彼は、昭和三年（一九二八）に母校の東京高等工業学校の後輩らと「AS建築会」というグループを結成し、早くからリーダー的才覚を発揮していた人物であった。また、自宅に「新建築工芸研究所」（後に銀座に移転）を開設し、ドイツ語やフランス語を独学で学びながら、バウハウスや西洋近代建築の理論を意欲的に学んだ努力家でもある。そして、昭和六年（一九三一）に「生活

図10　川喜田煉七郎と新建築工藝学院の教師や研究生。真中が川喜田、左の和装が間所春、その左の洋装が桑澤洋子。昭和八年（一九三三）。桑沢学園蔵

図11　仲田定之助（商業美術家協会講演会）「工芸グラフ」「工芸時代」アトリエ社 昭和二年（一九二七）七月より

註2　一九二〇年（大正九）帝国大学建築科卒業の若い建築家である石本喜久治、滝沢真弓、堀口捨己、森田慶一、矢田茂、山田守、森田慶一によって結成、日本発の自主的な建築運動体で過去様式から分離を宣言し、ウィーン分離派を意識した名称をつける。東京の日本橋の白木屋で第一回作品展覧会を開催した。翌年の第二回展から蔵田周忠が加わる。

構成研究所」を設立した。この生活構成研究所は、バウハウス・デッサウ校の留学から帰国し、東京美術学校（現東京芸術大学）建築科の助教授としてバウハウスの「構成原理」の講義をしていた水谷武彦（一八九八〜一九六九）、そしてドイツ留学中に日本人として最初にバウハウスを訪問し、前衛美術家集団「単位三科」（註3）の牽引的な人物である美術評論家の仲田定之助（一八八八〜一九七〇）〔図11〕や板垣鷹穂（註4）らと共に設立した研究所である。この生活構成研究所は、水谷がベルリンのライマン・シューレやデッサウのバウハウスから持ち帰った作品や資料、文献などをまとめ、それらを基に展覧会や講演会活動を開催し、バウハウスの理念や構成原理を広めることを主な目的として活動した。さらに、川喜田は昭和六年十一月に雑誌『建築工藝アイシーオール』（一九三一〜一九三六年八月まで刊行）〔図12〕を創刊している。また、その翌七年には「商業美術家協会」リーダーである濱田増治（註5）〔図13〕〔図14〕〔図15〕が、京橋区銀座西七丁目の三ツ喜ビル三階にある「商業美術（研究所）学校」（同四年創設）に「別科新建築工芸科」を設立した。しかし、この商業美術学校が同年十一月に移転したため、川喜田は直ちにこの場所に「銀座・新建築工藝研究講習所」を開設した。その理由は定かではないが、おそらく川喜田がこの商業美術学校で指導していた馴染みからであろう。さらに、濱田増治に川喜田を紹介したのが仲田定之助であり、この三人はかなり親密な関係にあったことが理由として考えられる（＊3）。そして、その翌八年五月に銀座・新建築工藝研究講習所が「新建築工藝学院」と改称され、新たなスタートを切った〔図16〕。川喜田のこのよ

図12　「建築工藝アイシーオール」10号、洪洋社 昭和七年（一九三二）一〇月一日

図13　濱田増治「商業美術研究号」「アトリエ」9月号、アトリエ社 昭和四年（一九二九）九月より

図14　『商業美術第2回展覧会作品集』昭和元年（一九二六）

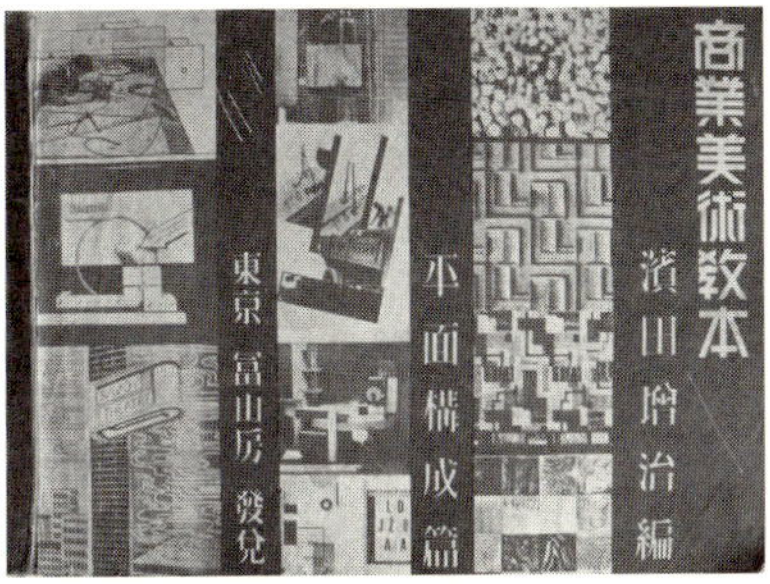

図15　濱田増治『商業美術教本・平面構成編』冨山房 昭和六年（一九三一）（下）

註3　一九二十五年の「三科」の解散を受けて、一九二六年に仲田定之助が大浦周蔵、中原実らと結成した前衛美術家集団。

註4　いたがき　たかお（たかほ）、一八九四～一九六六年、美術・建築・写真・映画など多岐にわたる評論家、一八二五年『新興藝術』を創刊、帝国美術学校（現武蔵野美術大学）の創立時からの講師を務め、早稲田大学教授、東京写真大学教授を歴任する。

註5　はまだ　ますじ、一八九二～一九三八年、商業美術家（グラフィックデザイナー）・商業美術研究者、東京美術学校彫刻家中退、一九二六年（大正十五）にグラフィックデザイナー職能団体「商業美術家協会」を組織し、機関誌『商業美術』を創刊、商業美術運動の中心的存在、『現代商業美術全集』（全二十四巻）を編纂、商業美術研究所を設立する。

＊3　仲田定之助「ワイマールのバウハウスを訪ねて」『デザイン（7）』三四頁、美術出版社、一九六二年

うな行動力から推測して、彼はなかなかのやり手な人物だったことが伺える。さらに、そのことを裏付けることとして、濱田主催の商業美術学校別科も、事実上の運営は川喜田本人が行っていた。その根拠の一つとして考えられることは、この商業美術学校の「申し込み・問い合わせ場所」が川喜田の自宅である「下谷区入谷町３５５川喜田宛」となっているからである（＊4）。

ところで、この商業美術学校では、主催者の濱田増治以外に講師として川喜田煉七郎、牧野正巳、市浦健（註6）、さらに、フランク・ロイド・ライトの事務所で働いていた建築家の土浦亀城（註7）も指導していた。土浦亀城と市浦健は、蔵田周忠（註8）らと共に建築方法の実験的な試みである「乾式構造」（註9）を提唱した仲間たちである。さらに、蔵田と川喜田との関係は「分離派建築会」（註10）の会員同士でもあった。したがって、この学校の講師陣や関係者は、知人や友人同士が集まって指導していたことが分かる。そして、これらのメンバーはその後の日本の建築工芸界をリードしていく人物ばかりである。前述したように、この商業美術学校別科の新建築工藝科は事実上川喜田が運営していたようだが、この別科が基になり新建築工藝研究講習所の開設を経て、新建築工藝学院が誕生したと考えてもよいだろう。この別科の教育理念や内容については、次の「研究生募集広告」の内容から理解することができる。

古い頭の人たちが、すべてをギュジつて、新しい研究の方法を思ひ切ってやる機会もないのです。また、建築や工芸に第一に必要な『構成し』『綜合する』頭を人一倍持ちながら『分解』や『分析』の学問を偏重した『入学試験』といふ困った制度のため、全くこの方面からうもれてしまふ人達がはなはだ多い有様です。（＊5 井筒明夫「日本のバウハウス」『THE BAUHAUS A』三六頁、鹿島出版会、一九九二年）

また、建築工芸についての月刊情報誌、参考書でもある『建築工藝アイシーオール』の表紙の次ページには、必ず「アイ・シー・オール入口室」という題名で次の文章が載っていた。

図16　新建築工藝学院があった頃の銀座大通り。「大東京名所絵はがき集」「主婦之友」昭和七年（一九三二）九月号付録より

註6　いちうら　けん、一九〇四～一九八一年、建築科、東京帝国大学卒業、昭和三年日本大学教授、昭和七年川喜田煉七郎開設の新建築工芸研究所で教える。

註7　つちうら　かめき、一八九七～一九九六年、建築科、東京帝国大学卒業、フランク・ロイド・ライトが帝国ホテルを建設中にライトの弟子である遠藤新の紹介でドラフトマンとしてライトの設計を手伝う。一九二三年、東京帝国大学卒業と同時に渡米しフランク・ロイド・ライトの事務所タリアセンに入所し三年間勤務する。一九二六年に帰国し、大倉土木（現 大成建設）に勤務する。

註8　くらた　ちかただ、一八九五～一九六六年、建築科、早稲田大学建築科選択修了、第二回分離派建築会以来毎回同展に出品。一九二七年東京高等工芸学校工芸図案科講師となりバウハウスを講じる唯一の教官だったといわれている、同校の教え子を中心に一九二八年型而工房を結成する。一九三二年武蔵工業高等学校講師、一九五一年には東京芸術大学教授となる。

註9　かんしきこうぞう、建築で成型した板や柱などを現場で組み立てるだけで、コンクリート工事や左官工事などの水を用いる行程を全く含まない方式による建築構造。

註10　分離派の近代建築運動は当時の建築界を大いに刺激した。一九二二年東京上野で平和博覧会が開催されてその第二会場の建築を分離派建築会が担当したが、ウイーン・ゼセッションや表現派の影響が強く見られた。

＊4　「銀座新建築工藝研究講習所研」『建築工藝アイシーオール（一月号）』八五頁、洪洋社、昭和八年〔一九三三〕

●世界をあげて今、技術の時代がはじまった。●すべての藝術、科學はしっかり技術的に綜合しようとしてゐる。●我々は建築と工藝を囲んで、新興のこの藝術と科學の中から大衆によびかける。●ここではむづかしい、まはりくどい一さいの文句や算数方程式の羅列が抹殺されてわかりやすい図解的な方法で新しい建築と工藝が啓蒙される。しかつめらしい教室や一切の古い束縛から解放された、自由な野天學校だ。●1年と2年とたつたら欄の頁を切って合本すれば新しい綜合的な建築工藝講座が出来上る。製本は實費で引うける。（＊6 井筒明夫「日本のバウハウス」『ＴＨＥ ＢＡＵＨＡＵＳＡ』〈前掲書＊5〉三六頁、鹿島出版会、一九九二年）

これらの広告や文章を読んでみると、川喜田の新しい建築工藝に対する意欲的な教育観がよく伝わってくる。

前述したように、昭和八年（一九三三）五月に銀座・新建築工藝研究講習所及び新建築工藝研究所は新建築工藝学院と改称して、七〇余名の研究生を迎えて新たな専門学校としてスタートした。この新建築工藝学院の教育内容は、第一章第二節で述べたように、バウハウスの予備課程教育を参考にしたといわれている。具体的な教育内容や担当講師は次の通りである。「構成教育科」は川喜田煉七郎、「建築科」は市浦健・川喜田、「工芸美術科」は橋本徹郎、「洋裁科」は影山静子、「織物科」は山脇道子である。また、その年の十月には「演劇科」と「新絵画研究科」の二科も新設された。そして、川喜田が担当した構成教育科は受講生の必修科目となっている。その構成教育科の教育内容については、「建築工藝アイシーオール」の広告に次のように載っている。

バウハウスに入學するとまづ基礎教育として、6ケ月間課せられる造型藝術一般の基礎訓練を我々に適する様に改め、内容を一層理論的に整へ、約28日間（1週2回3ケ月間）で完全に勉强が出來る様にしたもので、そのすばらしい効果は日本の各種の技術家の間に、教育界に、センセーションをおこしてゐます。詳細システムは學則を御覧下さい。入學なさる方は、男女、年齢を問はず、技術的に白紙の方をむしろ歡迎します。（＊7「新建築工藝學院一九三四年B期研究生募集」『建築工藝アイシーオール（四月号）』七六頁、洪洋社、昭和九年〈一九三四〉）

具体的な構成教育科のシステムとしては、次のようになっている。

a物をシュパンヌンクで摑む習慣　b音の造型的な書きとり　c一平面上の点と線の構成の練習　d明暗（ヘルドウンケル）で一平面上を構成する　e色彩　f材料（マテリアル）―マテリテルツァイヒヌンク。材料を触感的に順に並べる練習。色と材料と明暗の合流。gフォトグラム・フォトモンタージュ、構成教育積木を用いた主体練習　i材料の力の練習（紙、ボール紙、ガラス、ブリキ、割り箸、竹等）　jポスター練習。（＊8井筒明夫「日本のバウハウス」『THE BAUHAUSA』〈前掲書＊5〉三八頁、鹿島出版会、一九九二年）

また、建築科については次のように紹介している。

こまかい理屈を抜きにして、所詮建築のデザインに直接ぶつかつて（形と機能に面と向つて）グングン解決出来る實室的な力を短期間で養ひます。従ってこまかいデテイルや仕上げなぞより、所詮スケッチを一枚でも多く、（商店なら色々な大きさの店や商賣をそばから）やつてゆきます。エレベーションはか、ないで、プランをひくとすぐ油土で模型を造つて、形の取り扱ひを勉強する……といつたやり方です。（＊9 井筒明夫「日本のバウハウス」『THE BAUHAUSA』〈前掲書＊5〉三八頁、鹿島出版会、一九九二年）

さらに、織物科では次のように案内している。

在来の植物は餘りに織物の本質を離れてゐます。織物とは全く別な「描かれた圖案」を作つてそれを織物に移す方法をいつ迄繰返へしても本當の織物はつくれません。かうした糸そのものの質・色・光等を無視視して單に繪具で描かれた圖案に、何で織物の眞生命が託されませう。デザインは直ちに織物そのものの上になされなければなりません。ここに新しい練習の方法と新しい「ておりき」がバウハウスに在籍された山脇道子氏によつて工夫され、どなたにも樂々と創作的な織物ができるようになりました。（＊10 井筒明夫「日本のバウハウス」『THE BAUHAUSA』〈前掲書＊5〉三八頁、鹿島出版会、一九九二年）

これらの教育内容の一部を見ても、確かにバウハウス流の構成教育を参考にしていることがよく分かる。川喜田自身も雑誌『デザイン7』の「日本近代デザイン運動史7」（一九六二年七月号、美術出版社）において、「建築工藝アイシーオール」創刊、「新建築工藝学院開設の時代」という文章の中で次のように回想している。

今見るとすべてに初歩的な解釈が多く、また当時の卑近な図画工作教育の改善運動のためにかかれたため、理論的検討にもかけていた。が、ともかく建築をセンターとする造型が教育することを活動の中心として、全く新しく始めたもので、その具体的デザイン運動として目を通すと、隅々には、見るべき発見もあった。この下から洋裁家桑沢洋子や、デザイナー亀倉雄策を輩出したことが、何よりもその効果を証明している。これを現在の造型研究所やデザイン・センターの萌芽と見ることもできるであろう。それは日本に最初にかかげられたバウハウスの豆のような火であったが、ともかく建築の個性的な特殊な設計のノリを少しでも越えて不完全ではあったが、一つの教育者として統括者として何物かを総合してゆこうとする意気には燃えていたのである。（＊11 川喜田煉七郎「バウハウス・システムによる建築工芸研究所（建築工芸学院）の創立」『デザイン（7）』〈前掲書＊3〉三二頁、美術出版社、一九六二年）

この文章で特に注目しておきたいことが三つある。一つは、冒頭の「初歩的な解釈が多く、また当時の卑近な図画工作の教育改善のためにかかれた」という文言である。これは、昭和九年（一九三四）に武井勝雄と共著で学校美術協会から出版した『構成教育大系』についてのことである。特に「卑近な図画工作教育の改善」という文言に留意しなければならない。それは、明治四十一年（一九〇八）に国定図画教科書として発行された『新定画帖』が、昭和七年（一九一八）の三月に二〇年ぶりで『尋常小学図画』（東京書籍）に改訂されて発行された。この教科書の主な編集人は平田松堂はじめ、石井柏亭や和田三造など、絵画（図画）教育を専門としたメンバーである。この教科書は、明治期から続いたお手本をそのまま写して描く『新定画帖』の「臨画」教育に比べれば、自分の目で見て描く「写生画」の題材が多少は盛り込まれている。しかし、この頃は少しずつではあるが「構成教育」の分野でもある「図案」なども実践されていた。したがって、川喜田や武井はそれまでの臨画や写生画中心の教育から、実用性のある「略画」や「構想画」、そして特に「図案」や「意匠」などを重視した構成教育の必要性を主張していたからであろう。この当時の構成教育については、第二章で詳しく述べられているため、そこを参照されたい。

二つ目は、「この下から洋裁家桑澤洋子やデザイナー亀倉雄策を輩出したこと」という文言である。このことについては、本章の中心テーマでもある桑澤洋子が桑沢デザイン研究所を創設した経緯に大きく関わる内容のため、後の項で詳しく述べることにしたい。

三つ目は、「日本に最初にかかげられたバウハウスの豆のような火であった」という文言である。このことは、前述した『建築工藝アイシーオール』、あるいは新建築工藝学院における「構成教育科システム」

の内容を見れば納得できるものである。また、『建築工藝アイシーオール』に「バウハウス号」として五〇ページの特集を組んでいることでも理解できる。この度々登場する『建築工藝アイシーオール』という研究雑誌は、もともと『建築新潮』（洪洋社）という雑誌の編集をしていた川喜田が、それだけでは満足せず、バウハウスの紹介や予備課程教育などについて特別に編集したものである。したがって、この研究雑誌はほとんど川喜田の独自性の強い同人雑誌といえる。しかし、バウハウス流の教育システムをいち早く取り入れたり、日本の新たな造形教育の方向性を示唆したことなどは、その後のデザインや造形教育の発展に大きな影響を与えたことはいうまでもないことである。特に、『建築工藝アイシーオール』の内容を広める目的から、新建築工藝学院でその具体的な教育を実践したことは大きな功績といってよいだろう。

しかし、一つだけ気になることがある。それは、川喜田自身やアイシーオールという専門雑誌が、当時の一般社会や保護者たちにどれくらい認知されていて、どの程度の影響を与えたのかという点である。この点については、これまでのデザイン教育史研究でもほとんど論点にされてこなかった内容である。だが、この点については普通教育における造形・美術教育の歴史を探る場合、重要な課題の一つになると考えている。そこで、ここではその解明の糸口ともなる興味深い内容について簡単に紹介しておくことにする。

『建築工藝アイシーオール』第五巻四号（昭和一〇年）の裏表紙に、ゴシック体の大きな文字で、「新しい建築と工藝の芽をあなたのお子さんや幼い弟妹の絵の中に見出して下さい！　このアイ・シー・オールをお子さんの絵の前で一家そろって御覧下さい」と書かれている。すなわち、この文章は明らかに子どもをもつ保護者に向けた意図的な宣伝である。そして、その文章に続いてその内容を強調するための説明文がある。それは、「児童の色彩のコンポジションの鑑賞」というタイトルの「横川小学校図画教室における児童の授業風景」の写真が大きく掲載されている〔図17〕〔図18〕。ちなみに、この写真は構成教育の実践者であり、新建築工藝学院で学んでいた間所春の勤務校で撮影したものである。つまり、このアイシーオールの全体的な内容構成が「児童画に於ける構成教育」となっているのである。すなわち、この文章や写真から判断して、川喜田が一般の保護者に対しても、構成教育の重要性を促していることがよく理解できるのである。さらに、アイシーオールの他の特集としては、三巻に一号の割合で約七〇ページ（普段は各号四〇ページ）の特集を組んでいる。それらの中には「バウハウス」号、「近代の舞台」号、「家具と室内構成（インテリア）」号などがある。また、「構成教育」号と「子供の造形」号といった、普通教育に関する特集が二回独立して組まれている点においても、意図的に一般向けの啓蒙活動を行っていることがよく理解できるのである。

ここまで、冒頭では桑澤洋子の生い立ちを含めて、関連する川喜田煉七郎の人物像、新建築工藝学院の創設までの概要等を述べてきた。特に、川喜田が仲田定之助や水谷武彦らの協力により、バウハウス・システムを研究する生活構成研究所の設立、その後の新建築工藝研究所を経て新建築工藝学院の開学という経緯について述べてきた。これらの一連の造形教育活動の流れを普通教育という観点によって捉えてみると、この流れは明らかに「デザイン教育運動の萌芽期」と称することができるのではないだろうか。次は、これらのデザイン教育運動の萌芽を基にしながら、桑澤洋子と川喜田煉七郎との出会いについて、そして、その後の彼女の活動を追いながら桑沢デザイン研究所の創立に至るまでを考察していくことにしたい。

三、造形教育運動の発展と桑澤洋子

昭和七年（一九三二）に女子美術専門学校師範科西洋画部を卒業した桑澤洋子は、画家という芸術の道

図17　構成教育の指導をする間所春、児童の色彩のコンポジションの鑑賞（横川小学校、昭和一〇年）『美術教育講座　原理編』金子書房　昭和三一年（一九五六）より

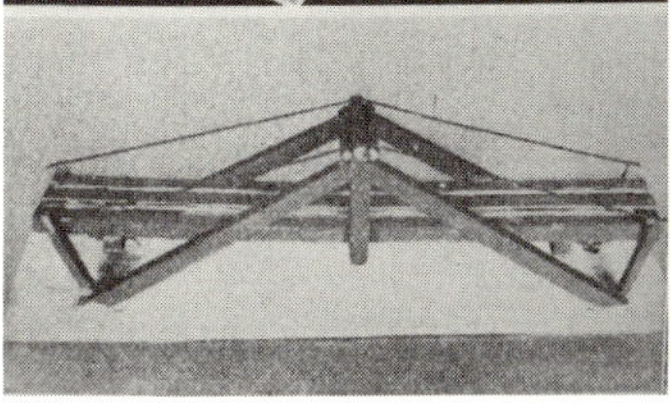

図18　構成教育作品「飛行機発着所」6年男児（上）「橋」6年男児（下）

＊12　桑澤洋子「最初の職業」『ふだん着のデザイナー』〈前掲書＊2〉四〇頁、一九五七年、平凡社

を選ばず社会貢献を前提とした職業的自立を目指すことを選択した。彼女の回想によれば、「私は、将来、絵かきになって個人の創作意欲をみたすということが、どうしても自分の性分にあわないような気がしていた。なにかもっと生活に密着した大衆社会のためになる造形活動をしてみたい」と述べている（＊12）。

彼女は職を二転三転した後に、東京の牛込にある小さな印刷会社の編集部の助手として勤務した。それから半年が過ぎた頃、川喜田が主宰する夜学の専門学校（研究所）である新建築工藝学院の存在を知ったのである。そして、彼女は昭和八年（一九三三）の春から勤め帰りにその夜学に通い始めた。この夜学は銀座の木造ビル三階の一室にあり、昼間は川喜田の建築事務所、夜は研究所の校舎となった。この専門学校の教育内容の概要については、第一章でも述べてきたが、詳細は次の通りである。

『日本デザイン小史』の中に、「日本デザイン前史の頃の人々」という桑澤の回想があるが、そこには当時の専門学校の教育内容が詳しく記述されているので、重要な箇所のみ抜粋しておくことにしたい。

学院の教育内容は、建築的総合をめざす造形の基本の追求であり〈構成教育〉と名づけた独自の造形の基礎訓練を中心になされていた。すなわち色彩・点・面・テクスチュアなど造形の要素の理解からはじまり、その応用のコラージュ・立体構成の造形の基礎実習であり、川喜田氏の意図としては、その基礎を軸にしての建築・工芸・美術・演劇等のいわば芸術とデザインの専門分野における新しい造形教育をめざしていたようにみえた。いいなおせば、たしかにこの教育システムは、一九一九年、ドイツの建築家・グロピウス氏が、ワイマールに創始したバウハウスをお手本にしたものであるにはちがいないが、川喜田氏の著書「構成技術大系」(昭和一七年刊)にもあるように、氏自身はバウハウスにはいっていないし、川喜田氏が独自に考えた、日本における造形全般に対しての〈構成教育〉のシステムにほかならないと思うのである。生徒は総じて年配者で、立派な建築技師もいたし、あとで聞いたことだが亀倉雄策氏も学んだことがあるという。(＊13 桑澤洋子「日本のデザイン前史の頃の人々」『日本デザイン小史』一八九頁、ダヴィッド社、一九七〇年)

もう一つ興味深い記述がある。それは、『主婦と生活』の中の「デザインの世界に入るまで」(昭和四十三年一〇月号、主婦と生活社)という文章である。この文章は、桑澤の著書『ふだん着のデザイナー』(昭和三十二年、平凡社)の初版本の一部を再構成して執筆したものと思われる。ここでは、新建築工藝学院での具体的な教育内容についての記述がある。その詳細については、第一章第二節で述べられているためそのページを参照されたい。要するに、これらの記述などから考えられることは、当時の一般的な授業内容が素描や写生画が中心であったため、色彩、点、線、面、テクスチュアなどによる造形感覚の訓練やドローイングは、当時としては極めて珍しい内容であったと考えられる。また、このような内容は、確かにバウハウスの予備課程教育でヨハネス・イッテンなどが行っていた教育内容を参考にしたといってもよいだろう。

なお、新建築工藝学院の様子や教育内容については、前述した『ふだん着のデザイナー』、櫻井朝雄著『評伝・桑沢洋子』（平成十五年、桑沢文庫出版委員会）、高松太郎著『「桑沢」草創の追憶』（平成十六年、桑沢文庫出版委員会）などの「桑沢文庫」シリーズにおいても詳しく述べられている。いずれにしても、この新建築工藝学院は、創立からたったの三年間という短命の専門学校ではあったが、グラフィックデザイナーの亀倉雄策、原弘、三浦和美、服飾デザイナーの伊東茂平、草月流生け花の創始者である勅使河原蒼風、写真家で後に桑澤と結婚する田村茂、そして川喜田と共著で『構成教育大系』を執筆した武井勝雄（当時は永田町小学校教員）、小学校で児童のための構成教育を実践していた間所春（当時は横川小学校教員）等々、その後の各界で活躍する人材を多数排出している点に特に留意したいものである。

四、桑沢服飾工房の誕生

桑澤洋子は、昭和八年（一九三三）の秋に牛込の編集部を退職した。そして、川喜田の紹介により一般を対象にした建築雑誌『住宅』のフリー取材記者となった。具体的な仕事の内容は、建築家たちの作品紹介や原稿取材である。桑澤は、この仕事によって当時の新進気鋭の建築家や評論家たちと接することになったのである。たとえば堀口捨己、蔵田周忠、土浦亀城、山脇巌、アントニン・レーモンド、小池新二、前川国男など建築界の蒼々たるメンバーである。彼女は、この取材や仕事を通して、建築工芸やデザインなどに対する視野が大きく広がっていったのである。

さらに、川喜田は彼女を信頼して様々な仕事を頼んだようである。中でも彼女が手伝った『建築工藝アイシーオール』や武井勝雄との共著である『構成教育大系』の編集は、後の彼女の生き方に大きく影響することになった。ただ、『構成教育大系』の編集を手伝ったのは彼女だけではなく、その時期に学んでいた研究生や卒業生の多くが関わったようである。このことについては、川喜田自身が『構成教育大系』の「終わり」の中で次のように締め括っている。

作品の大半は、新建築工藝学院の卒業生の方々からも貸していただゞいたし、兒童の作品は、永田町、横川兩小學校のものをつかつた。編輯を手傳つていたゞいた間所はる氏・三森象太郎氏・菊池俊雄・桑澤千代氏・栗山直二氏・明石友次氏に。又新建築工藝學院繪畫科の繪畫練習のシステムを色々提供していたゞいた橋本徹郎氏に。貴重な参考書をかしていたゞいた仲田定之助氏にも感謝したい。

（*14 川喜田煉七郎、武井勝雄『構成教育大系』五八頁、學校美術協会、一九三四年）

この川喜田本人のコメントを見ても理解できるように、この書の内容が専門家に向けたものではなく、むしろ小・中学校の新しい図画工作のための参考書という特性が強いことが分かる。この理由はいろいろ考えられるが、川喜田は次のようなことも言っている。

現在の圖畫・手工の教育は單なる所謂「情操教育」たるに止り、卒業後の会會とは何の連絡もないものですが、本學院に課せられる基礎教育―我々はこれを「構成練習」と呼ぶ―は新しい目と手をはつきりと生徒に興へ、現實的な技術の基礎を獲得させる「新しい教育」をつくり出すことが出來ます。

（＊15「銀座新建築工藝學院の教課について」『建築工藝アイシーオール（4）』六九頁、洪洋社、一九三三年）

このようなことから考えると、川喜田が述べている「新しい教育」とは、それまでの絵画や彫刻を中心とした美術教育に対して、「構成教育」を中心とした社会や生活に密着した実務的な教育を主張していることが分かる。また、当時は、山本鼎の自由画教育が全盛であった。そして、学院の研究生には武井勝雄、山本隆亮、間所春、矢吹誠（武井の東京美術学校図画師範科の同級生で横須賀中学校教員）などの小・中学校の図工専科教員が含まれていたために、『構成教育大系』には彼らが指導した児童・生徒たちの構成教育の作品が多く掲載されているのである。したがって、本書は構成教育の理論の裏付けを行うために、実際の学校現場で実践された児童・生徒の作品を掲載することで、その整合性を強調したことが分かる。つまり、この『構成教育大系』は、当時の進歩的な図画工作のリーダー的存在であった武井勝雄や実践家の間所春、そして惜しみなく編集の手伝いを行った桑澤洋子等の協力があってこそこの著作が完成したといえよう。

昭和九年（一九三五）、桑澤洋子は写真家の田村茂と結婚し、新居を銀座一丁目に構えた。その新居には、友人はもちろんのこと、他に写真関係者や雑誌編集者など様々な職種の人が集まった。彼女は、そのような環境から編集的、デザイン的視野がさらに広がっていったのである。その中には、田村茂の先輩にあたる橋本徹郎、婦人画報社編集部の熊井戸立雄、三省堂に勤務していた田村の親友である高橋錦吉、土門拳、亀倉雄策らがいた。土門や亀倉らは、当時名取洋之助が主宰していた「日本工房」に所属していた。また亀倉は、桑澤とは新建築工藝学院の同窓生でもある。彼女は、田村の仲間や川喜田からの推薦によって、『婦人画報』の「生活の新様式」（昭和十二年新年号）というテーマの別冊付録の仕事を依頼された。また、それらの仕事等が出版社から評価され、正式に婦人画報東京社に入社したのである。彼女は、この入社をきっかけに服飾関係に強い興味と関心を示すようになった。その後は仕事を順調にこなし、「スタイルブック」、「洋裁クラブ」、「洋裁シルエット」などのテーマを次々に手がけるようになったのである。

昭和十七年（一九四二）、彼女はフリー時代を含めて五年間勤めた婦人画報東京社を退職し、銀座西二丁目通りに「働く婦人のためのスポーティーなきもの店〈桑沢服飾工房〉」という小さな洋装店を開いた（＊16）。この店は田村の先輩であり、後に桑沢デザイン研究所の教師となる橋本徹郎（画家・商業美術家・建築設計家）の建築事務所を譲り受けて開店された。また、洋装店の看板とドアのロゴマークは亀倉雄策がデザインした。こうして、ついに彼女は服飾デザイナーとしての第一歩を踏み出したのである。しかし、

＊16　桑澤洋子「スタイルブックを編集する」　七七頁、九〇頁
『ふだん着のデザイナー』〈前掲書＊2〉七六〜

残念ながらその店も戦災で全てが焼け落ち、昭和十九年（一九四四）にはやむを得ず閉店せざるを得なかったのである。だが、この洋裁店を開業していた二年半の間、戦時統制下という時局柄もあるが、彼女は一貫して機能的で実用的な日常着をデザインし、その思想は戦後も継続させた。桑澤は、桑沢服飾工房を開店した頃を回想して、「私としては、なんとかして、より具体的な仕事をして、働く人のための優秀な既製服の実現に、また、注文服であっても、特殊な階級でない、一般のその辺の人が、心おきなく服装の相談にきて、安価で便利な洋服を作る店を、自分の気のすむまでやってみたかったのである」と語っている（＊17）。まさしく、その頃培ったこの思いやこだわりこそが普段着のデザイナー・桑澤洋子の所以となっているのである。

ところで、昭和七年（一九三二）に川喜田が新しい造形活動の雑誌『建築工藝アイシーオール』を創刊したことは度々述べてきた通りである。その雑誌は、バウハウスの予備課程教育システムを紹介しながら、川喜田独自の感覚訓練的教育方法を提案し、新たな造形教育のあり方等の示唆を行った。普通教育においても、これらの影響によって「構成教育」という新しいジャンルの実践が全国でも展開されるようになっていった。しかし、進歩的な構成教育の流行も戦時統制下にあっては、いろいろな制約や圧迫も受けねばならなくなり、その流れも次第に薄れていったのである。

一方、第一章第二節でも述べたように、昭和十三年（一九三八）二月に国家主義・軍国主義の影響を受けながら、学校美術協会を主宰していた後藤福次郎が「図画工作科の刷新新興策として構成科を設置せよ」という「構作科設置案」を発表している。そして、この後藤の構作科設置案に誘発されたのかどうかは不明であるが、川喜田は四年後の昭和十七年六月に『構作技術大系』（図畫工作株式會社）を出版している。川喜田と後藤は親しい関係にあったようで、この書籍の「まえがき」には「川喜田煉七郎といふ男」という推薦文を書いている。そして、このまえがきの最後に「彼に勸め、激忙の波に揉まれてゐる彼の尻を叩いて無理々々作らせたのが、この「構成技術大系」だ。」（＊18）と書かれている。この本の主たる内容は、「構作による科学技術教育の提案」である。しかし、この後藤や川喜田の構作科運動も、戦争拡大と戦局悪化などの背景からか、教育界からもさほど注目されずに自然消滅していった。そして、この構作科設置運動はともかくとして、昭和六年頃に水谷武彦がバウハウスの教育内容を紹介したことが発端となり、川喜田や武井が中心となって唱導してきた先駆的な構成教育も、歴史の流れのよどみから一時的に姿を消すことになったのである。しかし、このような不運ともいえる構成教育も、戦後再び「造形教育」や「デザイン教育」として新たな発芽の姿を見せることになるのである。

＊17　桑澤洋子「スタイルブックを編集する」『ふだん着のデザイナー』〈前掲書＊2〉一九七頁

＊18　『構作技術大系』図畫工作株式會社、昭和十七年六月〔一九三二〕

五、桑沢デザイン研究所創立の夜明け

戦後に入り、昭和二十二、三年頃に洋裁ブームが到来した。当時、深刻な衣料不足や活動的な洋装の需要が増え、家計の助けにもなる等の理由から洋裁を習う女性が急激に増加したのである。そして、それは戦後の女性の職業進出への足がかりの一つになることから、洋裁を仕事にしようとする機運が一斉に高まったのである。そのような社会的な動向の中で、桑澤洋子は昭和二十三年（一九四八）の春、東横線、目蒲線多摩川園駅からしばらく歩いた長閑な場所（大田区田園調布四丁目、現在の田園調布駅と多摩川駅からの中間地点の多摩川グランド付近）にある「多摩川洋裁学院」の学院長となった。ちなみに、多摩川洋裁学院は本科（初心者一年）、予備研究科（経験者半年）、夜間部（初心者）、デザイン科（半年）という内容であった。また、その年に服飾デザイナーの職能団体である「日本デザイナークラブ」の結成にも加わった。さらに、翌年の春には台東区下谷にもう一つ別な洋裁学校が開校し、この二つの学校を兼務することになったのである。彼女は、洋裁学校の学院長や服飾デザイナーとして、様々な取り組みを行いながら精力的に仕事をこなした。しかし、下谷の洋裁学校では経営者の方針との食い違いにより、昭和二十六年三月末をもって辞職し、洋裁学校は多摩川洋裁学院のみで働いた。また、この間の昭和二十五年には、母校である女子美術短期大学の専任講師となり、服飾デザイナーと教育者の両面から力を発揮した。つまり、彼女のこのような努力は、結果的にはその後の桑沢デザイン研究所の創立に近づくための大きな糧と

なった経験だったといえるのであろう。

この頃の活動として特に注目すべきことは、同年一〇月に多摩川洋裁学院内に桑沢ドレスメーカーの頭文字を取って名付けた「K・D技術研究会」を発足させたことである〔図19〕。このK・D技術研究会は、職員や卒業生などで組織する会員制の研究会で、ほぼ一ヶ月に一度の「K・Dニュース」を発行しながら勉強会を実施した。しかし、この研究会も経営者と考え方が合わず、事務局を荻窪の自宅（杉並区上荻窪二丁目一〇三番地、桑澤洋子方）に移動し、勉強会の場所も多摩川洋裁学院内から女子美術大学で実施するようになった。ただ、このような経営者との方針の違いが重なるにつれて、彼女は自分自身の理想を実現するためには、自分が経営する工房をもつべきだと考えるように至った。そして、本格的なドレスメーキングを学びたいという学生達の意欲などに支えられ、ついに独自の研究所を創立する決意をしたのであ

図19　「ドレスメーカーガイドブック」創刊号
昭和二十六年（一九五一）

る。そのような決意が固まったのは、荻窪の自宅でK・D研究会を行っている時に、一〇年来彼女の仕事を見てきた高松太郎はじめ、彼女の姉妹たちもその思いや考えを支持したといわれている。そして、昭和二十九年（一九五四）、桑澤のそれまでのデザインに対する希望が天に通じたのか、降ってわいたように青山の五〇坪の土地を提供してもらえることになったのである。つまり、この時こそ桑沢デザイン研究所の創立の構想が現実化した瞬間なのである。

研究所の建物の設計は、桑澤夫妻と二十年来の親友である建築家の橋本徹郎が行った。また、研究所の教育方針や教育課程については、デザイン評論家の勝見勝と橋本徹郎を中心に、インダストリアルデザイナーの剣持勇、渡辺力、金子至、そして建築家の清家清らが協力したといわれている。このメンバーは、後のリビング・デザイン科の教育を担当する中心メンバーでもある。この頃の桑沢デザイン研究所が創立に向けて動き出した出来事については、『桑沢デザイン研究所・10年の歩み』（昭和三十八年一〇月五日発行、学校法人桑沢学園）をはじめとして、「桑沢文庫」シリーズに詳しく解説されているため、ここでは割愛することにしたい。ただ、桑沢デザイン研究所の基本的な教育理念とその内容は、桑澤本人が長年に渡って培ってきた経験に基づくものであったことはいうまでもないことであろう。それについては、桑澤の自叙伝である『ふだん着のデザイナー』の中の彼女自身の次の言葉によって理解することができる。

私がやりつづけてきたドレス科とリビング・デザイン科の二つが二本の柱となり、教育の最大の目的は、デザインに対する既成概念を実習を通して打破することであった。つまり、人間とデザインとのつながり、いいかえれば、社会とデザイナーの結びつきを教育の基本においたのである。日本のいままでの造形教育が技術的な観点だけでなされた結果の弊害は、あらゆるその筋の職能分野にひびいているので、ここでの教育は、その狭い技術的な教育方針を破って、概念くだきのための教育コースを設定しようとしたのである。（＊19 桑澤洋子『ふだん着のデザイナー』〈前掲書＊2〉一九七頁）

このことから、彼女が若い頃に出会った川喜田煉七郎から学んだ構成教育の影響はもちろんだが、その構成教育を実際の小・中学校の現場で展開していた武井勝雄、間所春、矢吹誠など、新建築工藝学院の研究生たちの影響も少なからずあったのではないかと考えられるのである。また、彼女自身も次のように述べている。

具体的な実習としては、研究生の感覚訓練のために、絵画、彫刻、建築、工芸、その他各種のデザインを問わず、それらに共通する造形的基礎を体系的に実習させ、創造的な感覚を身につけさせるための構成教育を行おうとしたのである。（＊20 勝見勝「日本版バウハウス・桑澤デザイン研究所」『芸術新潮（第六巻九号）』一九九頁、新潮社、一九五五年）

すなわち、これらの教育内容の根幹をなす理念は、新建築工藝学院で学んだバウハウス流の予備（課程）教育の影響と考えてもよいであろう。

六、日本版バウハウス・桑沢デザイン研究所

筆者の手元にたいへん貴重な書類がある。それは、昭和二十九年（一九五四）四月の桑沢デザイン研究所開校の際に、入学案内『桑澤デザイン研究所ガイド』と一緒に配布したガリ版刷りの古ぼけたB４版印刷物である。その印刷物の題名には、「ごあいさつ」と書いてある。この配布プリントは、これからの時代は女性も職能人であるべきだと強く訴えている点が印象深い。すなわち、このプリントの文面からは、桑沢デザイン研究所の教育方針と共に、女性としての生き方についてはっきりと促しており、女性教育者桑澤洋子の思想がとてもよく理解できる。また、開校当時の社会的背景も同時に知ることができる。したがって、多少長文になるがこの「あいさつ」文をそのまま引用して紹介しておくことにしたい。

ごあいさつ

日本における女性の服装の実態は、戦争直後からみますと、極端な外国模倣はなくなってまいりましたが、ともすれば海外流行の断片的な摂取、都会中心の表面的な服装のみに関心がもたれがちです。そのために一般家庭の服装、農村、漁村その他の職場の仕事着という、もっとも私たちの生活の中心である服装が、なおざりになっております。それは、日本女性の社会的地位や、日本全体の生活状態に対する認識の不足、日本の気候・風土の研究調査の不足、あるいは服装以外の他の部門との交流がかえりみられないことなどに原因があるように思います。

一方、服装面にたずさわる職能人の現状は、表面的には、所詮デザイナーと称する専門家の進出がめざましいようにみうけられますが、事実は、ほんとうの日本人のためのデザイナーも、実力をそなえた技術家も非常に少ない状態です。

このことは、完全な職能人のための教育機関が全くない点に大きな原因があり、また花嫁学校式の家庭裁縫を目標にしている洋裁学校教育、短期大学および少数の徒弟制度的な技術一方に賊した偏した教育法のみにゆだねられている結果だと考えます。したがって、内職的なデザイナー、裁断師、縫子、実力のない教師、という半職能人が確固とした目標も持てないままに、たえず社会的不安におびやかされつゝ生活しております。このような状態では、相互の交流も、職能人としての社会保障、生活確保も得られようはずがありません。

このような現状を、いささかなりとも解決するためには、日本全国の服装の現状および海外の服装を科学的にあわせて服装業界および服装関係団体、新聞・雑誌の部門とも締結して、綜合的な共同研究を行う必要があります。そして、都市と地方との服装文化の交流をはかり、ほんとうに日本の社会・風土・生活に適合した服装を示し、日本全体の服装の向上をはかりたいと望んでおります。（中略）

以上のような理想を具体化するために、過去数年にわたり、これを全国的に呼びかけてＫＤ技術研究会の名称のもとに会を組織し、ようやく会員も約五〇〇名をかぞえるところまでまいりました。

しかし、目的を達するために必要な場所も設備もなく不便を痛感しておりますと同時に、会員をはじめ、この私どもの趣旨を御賛同くださる方々より、目的達成に必要な場を欲しいとの切実な要望が高まり、このたび表記に桑沢デザイン・スタジオを新設した次第でございます。

理想の一部である職能人に必要な感覚および技術の徹底した教育機関として、このたび当スタジオに桑沢デザイン研究所を開設いたしました。なお、これと同時に、前述のKD技術研究会を発展的解消して『日本服飾科学研究所』（仮称）といった名実ともに幅の広いものにまで進めてゆきたいと考えております。皆さまの御指導御協力を頂くほかないと存じます。そして将来、ぜひとも社団法人認可の域にまで進めたいと念じております。

本日は、桑沢デザイン研究所開設をおしらせいたしますとともに、あわせて『日本服飾科学研究所』（仮称）をどのように設立し、組織化してゆくかなどの諸点について御意見を賜りたくお願いする次第でございます。

一九五四年　桑沢デザイン研究所　桑澤洋子

この「あいさつ」文からは、女性の職能人としての自立と社会進出の重要性を強く主張していることがはっきりと読み取れる。そして、彼女が昭和七年（一九三二）三月に女子美術専門学校を卒業すると同時に長い髪を切り、和服から洋装となって職業的自立を決意してから二十二年の歳月が流れた。彼女は、若い頃の自分を思い出しながら、きっと感慨深い気持ちでこの文章を書いたにちがいないと推測できる。

　ところで、「日本版バウハウス・桑澤デザイン研究所」というタイトルは、桑沢デザイン研究所の創立に深く関わった、デザイン評論家の勝見勝が『藝術新潮』（昭和三十年第六巻第九号、新潮社）に桑沢デザイン研究所を紹介した文章のタイトルである。勝見は、桑沢デザイン研究所の授業風景写真も含め、六頁に渡って詳しく紹介している〔図20〕〔図21〕。この紹介頁を見ると、開校当時の桑沢デザイン研究所の活気ある様子が手に取るように分かる。したがって、このような頁の内容はデザイン教育史を研究する者にとって、たいへん貴重な資料の一つになる。このような理由から、この文章の全てを引用して紹介したい

図20　勝見勝「日本版バウハウス・桑沢デザイン研究所」「芸術新潮」9月号、新潮社 昭和三〇年（一九五五）より

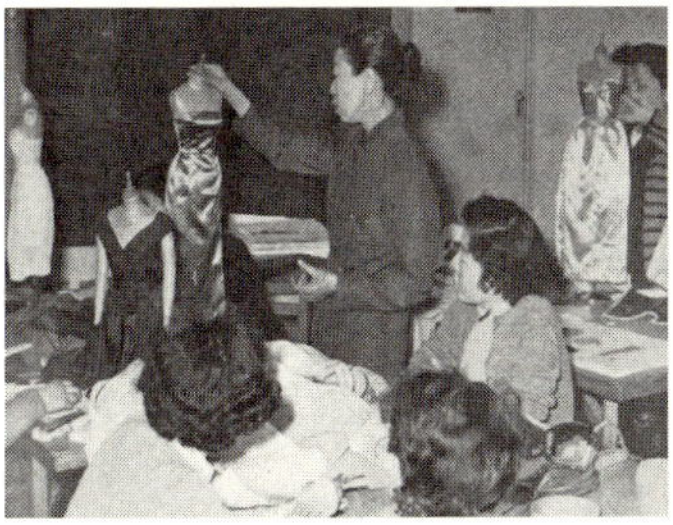

図21 「ドレス・デザインの実習」の桑澤洋子（院長）。

ものだが、ここでは最後の印象的な文章のみ紹介しておくことにしよう。

　恐らく、このようなデザイン研究所の經營は、女史が若い頃、バウハウスの思想に感激した當時から久しい夢であったことと思う。その點、グロピウスがこの研究所を訪れて、書きのこしていった次のような言葉は、彼女にとって、何ものにも代換えがたい、激勵の言葉であったにちがいない。〈私はここに、素晴らしいバウハウスの精神を見出したが、これこそは私がかねてから待ち望んでいたものであり、東洋と西洋の間にかけ渡された、往來自在の創造的な橋である。貴方がたに大きな成功を！〉（＊21 勝見勝「日本版バウハウス・桑澤デザイン研究所」『芸術新潮・（第六巻九号）』〈前掲書＊20〉一九九頁、新潮社、一九五五年）

これは、バウハウスの創立者であるワルター・グロピウスが、桑沢デザイン研究所を訪れた時に記念に書き残した言葉を勝見勝が訳したものである。多少外国人特有のリップサービスかもしれない。しかし、グロピウスにここまで言ってもらえば、開校したばかりの桑沢デザイン研究所の関係者、中でも桑澤洋子本人にとっては、さぞ勇気づけられた「天の声」だったに違いない〔図22〕。

桑沢デザイン研究所の開校当時の教員は、当時の一流スタッフが集まったといわれている〔図23〕〔図24〕。勝見はその教育スタッフについて次にように紹介している。

　こういう實驗教育が、成功するか否かは、大げさにいえば、日本のデザイン運動としても、カナエの軽重を問われるケースといえそうである。したがって、桑澤所長の夢を実現させるために、それぞれ一流の講師が、進んで心よく講座をひき受けている。

シカゴのデザイン研究所（略称I・D）を出た石元泰博氏や、日本の構成教育の権威として知られる高橋正人氏（東京教育大学教授）は、基礎デザイン・コースに新鮮な教育を試みているし、色彩理論の橋本徹郎氏、生活空間の清家清氏や濱口ミホ氏、生活器具の豊口克平氏、デザイン理論の剣持勇氏なども、それぞれユニークな講義をおこなっている。筆者もこれらの諸氏のワキ役として、時々顔

図22　桑沢デザイン研究所を訪れたワルター・グロピウス。右より剣持勇、グロピウス、一人おいて桑澤洋子、高松太郎（昭和二十九年〔一九五四〕六月十五日）。「桑沢デザイン研究所学則」（昭和三十一年〔一九五六〕）より

図23　桑澤所長とリビングデザイン科の教員（左から清家清、橋本徹郎、勝見勝、剣持勇、金子至、桑澤洋子）。「桑沢デザイン研究所ガイド」（昭和二十九年〔一九五四〕）より

図24　「色彩の理論と実習」を担当した橋本徹郎。「桑沢デザイン研究所ガイド」（昭和二十九年〔一九五四〕）より

を出しているわけである。それから、この研究所のもう一つの特徴は、講師のメンバーが、ドレス科、リビング科を通じて、相互に交流していることと、大たい進歩的な思想を抱いている人々が、主流をなしているという點であろう。少なくとも、資本主義を頭から謳歌しているような人々はいない。清水幾太郎氏に社會學の講座を依嘱嘱したり、佐藤忠良氏や朝倉攝氏に、ドローイングや人體デッサンを依嘱したりしているのは、いくらかは桑澤所長の思想的系譜をも反映しているといってよいように思う。（中略）恐らく、このようなデザイン研究所の經營は、女史が若い頃、バウハウスの思想に感激した當時からの久しい夢であつたことと思う。（＊22 勝見勝「日本版バウハウス・桑澤デザイン研究所」『芸術新潮（第六巻九号）』〈前掲書＊20〉一九九頁、新潮社、一九五五年）

このような文章や紙面から受ける印象は、勝見本人がかなり自信をもって桑沢デザイン研究所を紹介、推薦しているように感じることである。また、豊口克平も当時の桑沢デザイン研究所について次のように回想しているので一部紹介しておくことにしたい。

いまの青山の工房が校舎になっていた昭和三〇年頃、渡辺力さんの依頼で学校に関係するようになったと記憶しているが、当時のリビングの学生は第二回生が在学していた。（途中略）しかし、オンボロ学校で、学生わずか七名ともなると甚だ心細い限りで、考えてみれば桑沢流の新しいデザイン教育に感動を覚えたのが動機となる。」さらに、「この校舎は僅かな学生数ながら全く狭小なものでまた貧相そのもの、教室は身動きもならない有様でしたが実に活気にあふれていました。（＊23 豊口克平『型而工房から』三三一頁、四二八頁、美術出版社、一九八七年）

この豊口の文章は、当時の青山校舎の狭いながらも活気あふれる雰囲気が手に取るようにイメージできる貴重な文章であろう。そして、前述の勝見が紹介したメンバーの中には、次の第二節で述べる造形教育センター創立時の会員がたいへん多く含まれていることにも注目していきたい

七、ワルター・グロピウスの来日と「構成的児童・生徒作品展」

昭和二十九年（一九五四）五月十九日にバウハウスの創立者であるワルター・グロピウスがカーネギー財団の後援によって初来日した。その目的は、六月十二日から七月四日までの三週間、東京国立近代美術館において「グロピウスとバウハウス」展が開催されるためであった〔図25〕。この展覧会は、日本人として初めてバウハウス・デッサウ校に留学した水谷武彦（一九二七～一九二九年まで在学）、同じくデッサウ校に留学した山脇巌、道子夫妻（一九三〇～一九三二年在学）らが中心となって企画された。その他の企画委員には勝見勝、野生司義章がいる。そして、この展覧会はグロピウスが持参した建築作品の写真も含めて展示された。この展覧会の挨拶でグロピウスは、涙を浮かべて次のように感謝したといわれている。

このような大きな展覧会は、今日ではアメリカでもドイツでも何処の国でも開くことはできない。

こんな多数のバウハウスの作品が、この日本に残っていようとは自分はいままで考えても見なかった。ただ驚くほかない（＊24 山脇巌「日本に渡ったバウハウス」『日本デザイン小史』六四頁、ダヴィッド社、一九七〇年）

ちなみに、このバウハウス展がどのような内容構成であったかを簡単に触れておくことにしたい。企画委員の一人であった野生司は『グロピウスと日本文化』（一九五六年、彰国社）の中で次のように報告している。

1階は水谷氏による〈バウハウスへのみちしるべ〉と題する序曲的な美しい展示にはじまり2階はグロピウスの移動展でありこれはM．I．Tのケッペス教授が移動用に設計したものを小生がただ会場に合うように配置しただけである。それに蔵田氏が武蔵工大の学生を動員して、バウハウスの模型をつくって出品してくださった。3階は勝見、山脇両氏の合作でバウハウスの各部門をよく解説した、すばらしくよくバウハウスのフンイ気をうつし出した展覧会となった。なお通産省の工芸指導所がバウハウスでデザインされた種々の椅子を出品してくれた。開会の当日グロピウス教授御自身が見に来られて、感激されたその展覧第一日の午後にはグロピウス教授の〈バウハウスの概念〉という講演が小林文次氏の通訳で公開され、感況をきわめた。（＊25 野生司義章「グロピウス・バウハウス展」『グロピウスと日本文化』九五頁、彰国社、一九五六年）

この「グロピウスとバウハウス」展の開催前の五月二十七日、グロピウスの来日を機会に、日本の造形教育の現状を紹介する趣旨のオリエンテーションが東京芸術大学で行われた。また、同大学の正木記念館展示室では、この二日間の日程に併せて小学校から大学生までの構成的な児童や生徒の作品が展示された〔図26〕〔図27〕。この展覧会は、水谷武彦（東京都立大学）、勝見勝（デザイン評論家、桑沢デザイン研究所）、山口正城（千葉大学）らが中心となって企画したものである。その時の様子を山口正城は次のように回想している。

彼の来朝を期して、バウハウスの線に沿う造形教育の現状を紹介し、彼の批判を乞うために、東京

図25　東京国立近代美術館で開催された「グロピウスとバウハウス展」。「アートトピック」「美術手帖」（昭和二十九年〔一九五四〕8月号、美術出版社）より

図26　「構成教育の児童・生徒学生作品展」（東京芸術大学正木記念陳列館、昭和二十九年〔一九五四〕五月二十七、二十八日）。「アートトピック」「美術手帖」（昭和二十九年〔一九五四〕8月号、美術出版社）より

図27　「構成教育の児童・生徒学生作品展」を見るワルター・グロピウス　昭和二十九年〔一九五四〕五月二十七日。「美術教育の原理」『美術教育講座』金子書房　昭和三十一年（一九五六）

芸大、千葉大、東京教育大をはじめ、小学校までをふくめた展覧会を、同年四月、芸大の記念館で開いた。幸いにもグロピウスの強い感動と愛情をこめた評言を得、一般にも好評であった。（＊26 山口正城「造形教育センターについて」『リビング・デザイン（十一月号）』五四頁、美術出版社、一九五五年）

ただ、文中の誤字なのか水谷の記憶違いなのかは定かではないが、展覧会が開かれた五月を四月と間違って明記している点は注意したい。この展覧会の詳細報告については、小塚新一郎（東京芸術大学学部長）が次のように報告している。

若葉かおる5月27日午前、長身白髪のグロピウス教授は水谷君の案内で本学の玄関に自動車から下りられた。本学ではかねて教授の来朝の好機に当たり研究家諸氏に依嘱して工芸作品の展覧会を催したのであり、この日は特に多忙の一日をさいて来校を願ったのである。教授は少憩の後上野学長の案内で早速陳列館に歩を運び、親しくしかも熱心に各校の作品を見て廻られた。この展示室には工芸教育展覧会委員30名を始め、出品者と特志研究家を集めて約50名ほど待期していた。この人達は芸大の建築科、工芸科、図案科の諸氏、千葉大学、横浜大学、茨城大学、東京教育大学、東京学芸大学、あるいは附属校の指導者学生諸氏である。（中略）小学校では藤沢典明氏指導の今川校の構成的作品、間所春氏指導の南綾瀬校の色彩と形体の平面的コンポジションなどいずれも賞讃の言葉があった。また、横浜大学の教材試作品にも目を止められ、外に横須賀市内の小学校、東京の津久土小学校の作品

など好い作品を出品していた。（＊27 小塚新一郎「工芸教育と芸大展」『グロピウスと日本文化』四三～四四頁）

このようにこの展覧会は、大学の構成科や図案科、芸術科や美術科、大学附属の小•中学校や高等学校、東京都や神奈川県等の公立小•中学校や高等学校の関係教員に呼びかけ、構成的な作品を集めて展示した。中でも、東京学芸大学の竹田信夫、伊東正明、横浜国立大学の真鍋一男、公立小・中学校の武井勝雄、間所春、救仁郷和一、山内幸男、藤沢典明などが指導した児童、生徒作品が特に注目された。そして、この展覧会を観たグロピウスに会食懇談会の席上で感想や質問が求められた。

それに応じたグロピウスは、それぞれ次のように答えている。

――教師は生徒の作品をなおしてはいけない。生徒自身の発展が阻害されるからである。指導にあたり一々説明したりしなくても、生徒に対する愛があればよい。教師がいるということだけでエンジンがかけられたように生徒の創造的力が発揮されるのである。（＊28 塚田敢「バウハウスと構成教育」『教育美術（第十五巻第七号）』二四頁、教育美術振興会、一九五四年）

また「色彩教育」については、

――教師の人格によって生徒を興奮状態に導く。生徒が自発的に自分自身の見方や感覚を引き出すようにすべきである。カンジンスキーやクレーの指導もそのようなものであった。（＊29 塚田敢「バウハウスと構成教育」『教育美術（第十五巻第七号）』〈前掲書＊28〉二四頁、教育美術振興会、一九五四年）

最後に「造形のスタイル化」については、

――バウハウスが一つのスタイルとならぬよう努力すべきである。スタイルには停滞がともなう。造形は生き生きした創造、発展がなければならぬ。教育は出来上がったものを与えるのではなく、創造力を与えることである。（＊30 塚田敢「バウハウスと構成教育」『教育美術（第十五巻第七号）』〈前掲書＊28〉二四頁、教育美術振興会、一九五四年）

また、葛飾の南綾瀬小学校教師の間所春が指導した「まよいみち」と題した作品を観たグロピウスは、次のように賞賛したといわれている。

〈まよい道〉は子どもたちの、言葉のなかった時期に生理的に或いは時に内面的な欲求を訴える手だてであったのではないか。即ち幼児のなぐりがきや、ストロークなどを我々が観察するように〈まよい道〉は子どもの成長の必然性から発生するという。そしてこの混沌の世界から秩序の世界へと生まれかわってゆく、このすがたを生理的に、さらに造形心理の角度から眺めると意外な道が開けてくるという。子どもの眼の力とその眼がとらえるゲシュタルトの不思議な迷いがとけてくるのだ（＊31 小関利雄「間所春」『美育文化（八月号）』一六〜一七頁、美育文化協会、一九七二年）

このように、東京芸術大学の正木記念陳列館において、構成的な児童・生徒・学生の作品を展示し、学校教育の現況を紹介した展覧会は、グロピウスから概ね良好の評価を得たようである。しかし、次のような警告も忘れてはならない。それは、グロピウスが講評の中で「バウハウスの末梢的な様式模倣の感が強い」、「日本古来の伝統を守れ」と強調したことである（＊32）。グロピウスにとって、バウハウスの予備課程の教育が構成的教育として日本に伝播されていることは素直に嬉しく思ったに違いない。ただ、そのスタイルをそのまま表面的に模倣しているような作品を見つけ、オリジナリティーの重要性を指摘したことは、我が国のその後の造形教育にとって貴重な示唆だったと考えられる。

ところで、前述したようにグロピウスは滞在中の六月十五日に桑沢デザイン研究所を訪問した。さらに、七月にはイセ・グロピウス婦人も同研究所を訪れている。グロピウスが桑沢デザイン研究所を訪問した理由は、剣持勇の一言で決まったようである。それは、剣持が日本文化交流委員会からの要請でグロピウスを産業工芸試験所や手工芸関係の視察案内を行っている最中に、車中で急に思いついたようである。剣持はその時のことを次のように回想している。

キモノ研究家のY氏の家で私は急に思いついた。『そうだ桑沢を見ていただこう！』車中の会話で、先生は日本のデザイン教育方法に一寸ギモンを持っておられる口ぶりだったので……。先生は前日芸大を訪れている。幸いにも洋子先生（当時はお若かった、今でもだが……）も高松さんもおられて『ぜ

＊32　「アート・トピック」『美術手帖（八月号）』八七頁、美術出版社、一九五四年

ひお連れして……』ということになった。私の申しいでにグロピウス先生は『行ってみよう』といわれた。車がゴトゴトあの狭い路地へはいっていった。玄関で靴を脱いだ先生は、奥まった閉鎖的な応接室に導かれた。ここで私は洋子先生以下、学園の主だった方々を紹介する光栄を担った。今から思えば、バラックの吹けば飛ぶような校舎で毅然とデザインの真理目指して、教育と研究に励む研究所の実際を目にされて、恐らく感激されたのであろう、先生は求められるままに、洋子先生から出された記念のサイン帖に、次のようにサラサラと一句をしたためられた。

「私は　ここに　素晴らしいバウハウス精神を見出したが　これこそは　私がかねてから待ち望んでいたものであり　東洋と西洋の間にかけ渡された往来自在の創造的な橋である　貴方がたに大きな成功を！　」

一九五四年六月　ワルター・グロピウス

（＊33 剣持勇「青山でのグロピウス先生の思いで」『桑沢デザイン研究10年の歩み』二〇頁、桑沢デザイン研究所、一九六三年）

特にこのサイン帖に記したメッセージは、前節の「日本版バウハウスの人々」において紹介した勝見勝が訳した言葉である。しかし、桑沢デザイン研究所の歴史において極めて重要な出来事とその証の言葉であるがために、敢えて再びここで全文を引用しておくことにした。いずれにしても、ワルター・グロピウスの来日は、その後の我が国の造形教育やデザイン教育の発展はもちろんのこと、何よりも桑沢デザイン研究所の発展に大きな自信と示唆を与えたことは間違いない事実だと断言できる。

第二節　学校法人桑沢学園と造形教育センター

一、桑沢デザイン研究所と造形教育センターの関わり

本節では、初期の桑沢デザイン研究所及び東京造形大学の教育や関係教員が、普通教育に与えた影響を考察することが主な目的である。そのためには、先ず普通教育におけるデザインの学習や造形教育に大きな影響を与えた民間教育団体である「造形教育センター」の活動や運動に加わった人物と、桑沢学園（桑沢デザイン研究所と東京造形大学）の教育に携わった人物との相関を明らかにすることがその糸口になると考えられる。また、それらを明らかにすることで、強いては戦後の図画工作科や美術科教育における「デザイン」や「造形」教育の基となった思想や理念が明らかになると考えられるのである。

第二章の「日本の民間美術教育運動と造形教育センターの活動」で詳しく述べたように、造形教育センターは昭和三〇年（一九五五）六月十八日、東京日本橋丸善会議室で行われた「発会式」及び「創立総会」

において誕生した。前述したように、この時に決議された実行委員は設立発起人を含めて二〇人で構成された。その実行委員のメンバーは、岡田清一、岡本太郎、小関利雄、＊勝見勝、川村浩章、＊熊本高工、＊桑澤洋子、小池岩太郎、＊高橋正人、武井勝雄、＊豊口克平、長谷喜久一、中村亨、＊橋本徹郎、＊林健造、藤沢典明、松原郁二、村井正誠、山口正城、山脇巌である（＊印は桑沢学園で教鞭をとった経験のある者、二〇人中七人）。また、一般の委員として当日の記録ノートに八〇名が記されている。その委員の中には、勝井三雄、高山正喜久、滝口修造、塚田敢、浜口隆一、広井力、真鍋一男、渡辺力の八人の名前が明記されているが、この八人も桑沢学園で教鞭をとった者である。さらに、この創立総会に参加せず、数日遅れて会員になった一名を含めると、創立直後に十六人の桑沢学園の関係者が造形教育センターの中心メンバーとなっている。ところで、この数字が多いか少ないかはともかくとして、このような歴史的瞬間に立ち会ったり、関わったりした人々が、まったく偶然に集まったということは考えにくい。さらに、初代委員長には、桑沢デザイン研究所の創立や初期教育課程に関わった高橋正人（註11）が就任したのである。いずれにしても、創立当初の造形教育センターと桑沢学園の初期教員には、深い絆や相関関係があったことがよく理解できるのである。

『造形教育センター二〇年史』の中に、高橋正人が書いた「創立当初の思い出」と題した文章がある。

名称をデザインとするか、造形とするか、構成とするかは大分議論を呼び、私も迷ったが、デザインや構成では狭いということで、造形ということになったように記憶する。しかしこの名前のために、児童教育のイメージが強くなり、大学などを含むデザイン教育の感じが薄くなったように思われる。従ってその後の活動では次第に児童教育にウエイトがかかったのは、私としては残念であったが、それはそれで一つの社会的意義があったと考えられる。当時はまだ専門のデザイン教育は未発達であったのに対し、児童教育の人々の活動が活発であったことも理由であろう。（＊34「創立当初の思い出」『造形教育センター二〇年史』五頁、造形教育センター委員長高山正喜久、一九七五年発行）

また、創立当初の活動については、次のように述べている。

発会後は毎月展覧会を行ったが、造形的なテーマで大学から小学校までを含んでいたのが特徴であった。また、研究会は、講師に岡本太郎、丹下健三、亀倉雄策、渡辺力その他の諸氏を呼んで、かなり格調の高いものであった。（＊35「創立当初の思い出」『造形教育センター二〇年史』〈前掲書＊34〉五頁、造形教育センター委員長高山正喜久、一九七五年発行）

高橋の文章の中で、大分議論を呼んだとある「造形」、「構成」、「デザイン」という会の名称について、前章でも述べたように高橋は「デザイン教育センター」、勝見は「造形教育センター」、武井は「構成教育

註11　高橋正人、一九一二〜二〇〇〇年、東京高等師範学校卒、東京教育学教授、初代造形教育センター委員長、著書『基礎デザイン』、『構成・文字デザイン』等。

センター」をそれぞれ主張したといわれている。このような議論は、普通教育においても同様である。特に教科名称がそうであった。たとえば、「図画工作科」や「美術科」を「造形科」に改称しようという運動がそうである。そして、このような教科名称の改称は学習指導要領改訂の度に浮上してきたのが常である。しかし、この教科の名称変更については未だに結論に至っておらず、かなり複雑な問題として山積にしたままの状態である。その最大の理由として挙げられることは、民間美術教育団体や関連学会、あるいは公的な造形、美術教育研究団体等のセクト的認識からくる温度差や根本的なずれによるものであろう。したがって、この教科名の改称の是非はともかくとして、教科名称は昭和四十三年度の学習指導要領改訂時のまま何も変わっていないのが現状である。

この「造形」という言葉を主張したのは当然ながら造形教育センターが中心であった。また、造形教育センターと会員相互に密接な関係があった神奈川県の教育関係者が中心に組織されていた「造形教育をもりあげる会」、あるいは、造形教育センターから分派した「日本造形の会」、さらに、幼児から大学までの教育に携わる幅広い教員で組織されていた「全国造形教育連盟」や各都道府県の「造形教育研究会」等が「造形科」に改称することを強く主張したり推奨したりした。

ところで、初代委員長の高橋が回想しているが、当時は社会や教育界において「造形」や「デザイン」という言葉や概念が未だ理解されていない時代背景があった。桑沢デザイン研究所の創立においても、このような名称の議論がどの程度成されたかについての詳細な記録は残っていない。ただ、もし桑沢デザイン研究所という名称ではなく、「桑沢造形研究所」という名称になっていたとしたら、我が国のその後の造形、デザイン教育はどのように変化したのか、たいへん気になるところでもある。しかし、この点については、後の東京造形大学の設立計画時において、大学の名称をどうするか、再び議論が展開されることになるのである。いずれにしても、造形教育センターの指導者と桑沢デザイン研究所の教員との密接な関係において、小・中学校や高等学校の普通教育中心に、一つの「造形教育ムーブメント」を巻き起こす糸口となったことは確かな事実である。特に、桑澤洋子も造形教育センターの創立に関わった重要なメンバーの一人ではあったが、中でも論客で知見の中心的存在であった勝見勝と高橋正人の思想が造形教育センターと桑沢デザイン研究所の双方に多大な影響を与えたことは間違いない。つまり、このような経緯から考えてみると、この一連の造形教育ムーブメントを巻き起こした中心人物は、勝見と高橋の両コンビであるといっても決して過言ではないだろう。そして、その二人を取り巻く桑沢デザイン研究所の関係教員と、さらにその思想や実践に共感した普通教育の学校教師たちとの連携が、その後の造形ムーブメントを拡大させていったといえるのである。

次に、その造形ムーブメントの基になったと考えられる具体的な教育内容について、桑沢デザイン研究所の授業内容と造形教育センターの実践や活動についてを比較しながら考察することにしたい。

二、初期桑沢デザイン研究所の授業内容

桑沢デザイン研究所の創立当初昭和二十九年（一九五四）は、「ドレス科」（デザイン・クラスと技術クラス）と「リビング・デザイン科」の二科でスタートした。ドレス科のデザイン・クラスの特色は、日本で初めて服飾デザインに必要な基礎訓練的内容が実習できたことである。また、技術クラスは高度な裁断と実習を主体として、理論と感覚を身につける内容であった。デザイン・クラスにおける初年度の具体的な学習内容は、①綜合感覚訓練（色彩・形体・マテリアル）、②石膏その他による立体描写と観察の基礎訓練、③人体の基礎解剖及び人体デッサン、④裸体及びコスチュームによるムーヴマンの観察と描写の訓練、⑤立体構造（粘土とその他の材料による）、⑥服飾技術（カッティング・材料学・構造学）、⑦美学・服飾学・服飾心理学・社会学・美術史・その他）等である。技術クラスについては、体型による補正、流行裁断の実験と縫方、高度な部分縫、製図理論等の実習が中心となった内容であった。

リビング・デザイン科の初年度の特色は、デザインの基礎となり、デザインのバックボーンになる教養と実習を与える、日本で最初の実験的な内容を行ったことである。それは、必要な教養と基礎的なトレーニングを与え、それぞれが持って生まれたデザイン感覚を伸ばすことに重点をおいた教育である。具体的な内容としては、①カラー（色彩）、②コントラクション（構成）、③テクスチャー（材質）、④スペース（空間）、⑤グッド・ティスト、⑥グッド・フォルム等、いずれも理論と実習を並行的に行う内容である。

これらの二つの科の教育カリキュラムで工夫されている内容は、共に教養（理論）科目と実習科目をバランスよく配置した点であろう。特にその基礎として、総合的な感覚訓練と高度な技術の習得に重点を置いている点などは、当時の服飾専門学校や洋裁学校には見られないまったく斬新な教育内容といえる。

そして、二年後の昭和三十一年（一九五六）には初年度の教育内容がさらに改善された。リビング・デザイン科では、実習を通してデザインに対する正しい認識を把握させ、生活を営む場に必要なデザインの基礎的感覚及び技術を習得させることを目的にしている。具体的な授業内容は、①デザインのプリンシプル、②COSTRUCTION（構成）、③TEXTURE（視覚的触感覚）、④COLOR（基礎色彩学の理論とその展開実習）、⑤LIVINGSPACE（生活のための場所）、⑥FURNITURE（生活器具）、⑦DRAFTING（製図法）、⑧DRAWING（描写技法）等である。

また、ドレス科においてはクラスが拡大され、基礎クラス、技術クラス、デザイン・クラスの三科、それに別科として速成クラス（夜間の短期間コース）が設置された。

さらに、二年後の昭和三十三年（一九五八）四月には、手狭だった青山校舎より現在の渋谷に校舎を移転したが、この校舎もより多くの学生を収容するための十分なスペースではなかった。桑澤洋子が『KDSニュース』に執筆した巻頭言でこう述べている。

あまりにも最低線以下の校舎であり、いつかは普通なみの校舎にして、この愛すべき研究生を抱擁したいと心に決めておりました。（中略）ＫＤＳとしては、精一ぱいのところでありまして、結果的には、より多くの研究生を収容するための校舎ではなく、現在の研究生がそのまま普通なみのスペースをもつことができたところでございます。（＊36『ＫＤＳニュース（第44号）』一九五八年四月発行）

しかし、桑澤の真意はともかくとして、新校舎への移転は桑沢デザイン研究所の教育内容とその成果が益々パワーアップされていったことは確かである〔図28〕〔図29〕〔図30〕〔図31〕〔図32〕。

渋谷校舎への移転と同時に、リビング・デザイン科は基礎クラスと研究クラスの二科に拡大されている。基礎クラスの授業内容は、①構成（新しい視覚・形—空間感覚、材料体験・構造研究・自然研究）、②色彩（オストワルド・システムによる基礎実習、色彩を主とした構成、色彩の機能・用途・色彩データ）、③生活空間（都市・コミュニティイー・住居・室内・家具・生活機器・読図・図法・製図・デッサン等）、④造形教養（一般社会人、家庭人にとって必要な造形・デザイン・社会についての基礎知識、原書講読等）の四科目である。また、研究クラスの授業内容は、基礎クラスの内容にワークショップなどが加わり、合計九科目の編成の内容である。このワークショップには、①ヴィジュアルデザイン・ワークショップ（印刷版式、レタリング、イラストレーション、シンボルのデザイン、レイアウト、パッケージ、グラフィックデザインの基礎、デザイン写真など）。②インテリアデザイン・ワークショップ（構成物の発想過程、ディスプレー、住むためのデザイン、照明、家具など）。③プロダクトデザイン・ワークショップ（市場調査、パッケージング、プロダクトデザイン基礎、レンダリング、モデリング）の三種類あった。その他には、材料・機能・構造（技術資料の収集・整理・拡充、造形・生活・生産の関連）、デザイン教養としてデザインと社会、アート・ディレクター論、デザイナー論、デザイナー特別講義、デザイン態度・デザ

図28　上段左から「生活空間」山口勇次郎、右「構成」高山正喜久、下段左から「造形教養」剣持勇、右「構成」高橋正人。「桑沢デザイン研究所入学案内」（昭和三十三年〔一九五八〕）より

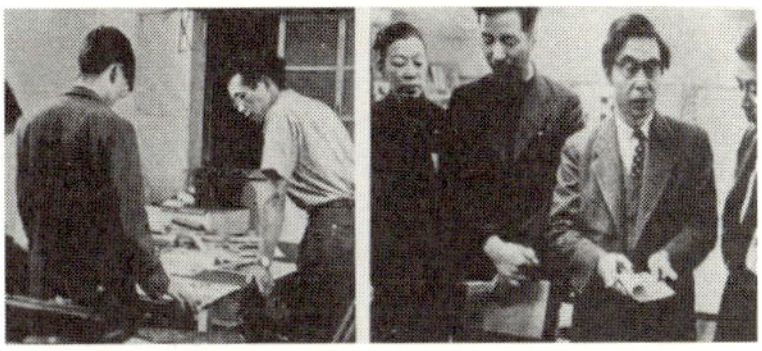

図29　左から「生活空間」石本泰博、右「造形教養」勝見勝。「桑沢デザイン研究所入学案内」（昭和三十三年〔一九五八〕）より

図30　上から「生活空間論」清家清、中「ビジュアルデザイン論」左亀倉雄策、一人おいて大橋正、山城隆一。下「ビジュアルデザイン」塚田敢。「桑沢デザイン研究所入学案内」（昭和三十三年〔一九五八〕）より

インの進め方等の授業があった。

なお、リビング・デザイン科の主な講師陣についても以下に示しておきたい。先ず基礎クラスの構成〈理論及び実習〉には、高橋正人、真鍋一男、矢野目鋼、高山正喜久。色彩には、橋本徹郎、白石勝彦、海本健。生活空間には、清家清、篠原一男、豊口克平、金子至、塚田敢、石元泰博、佐藤忠良など。造形教養には、勝見勝、剣持勇、浜口隆一、阿部公正、清水幾太郎などである。続いて研究クラスの講師には、石元泰博、真鍋一男、高山正喜久、矢野目鋼。材料・機能・構造には、新庄晃、手塚敬三、高山正喜久など。プロダクト・ワークショップには、金子至、皆川正、豊口克平など。インテリア・ワークショップには、豊口克平、新庄晃、松村勝男、皆川正。ヴィジュアル・ワークショップには、塚田敢、亀倉雄策、山城隆一、河野鷹思、高橋錦吉、伊藤憲治、原弘など。デザイン教養には、勝見勝、剣持勇、清家清、豊口克平、浜口隆一、今泉武治などが担当した。

さらに、ドレス科の主な授業と講師陣については次の通りである。本科の基礎クラスは、ドレス・デザインの基礎に桑澤洋子。構成に田中淳。造形教養に浜口隆一。ドロウイングに朝倉攝が担当した。技術クラスの主な授業と講師陣は、ドレス・デザインの基礎に桑澤洋子。実習には桑澤かね子、塙経亮。服飾配色に大空淑子。構成は田中淳が担当した。デザイン・クラスの主な授業と講師陣は、構成に高橋正人。色彩には橋本徹郎、友田小織。ドレス・デザインの基礎には桑澤洋子、根田みさ子など。デッサンに佐藤忠良。モード・ドロウイングに朝倉摂。被服材料学には東昇、柳悦孝など。造形教育には勝見勝、阿部公正、浜口隆一などが担当した。

これらの授業内容の特徴や担当する講師陣について、初期入学案内の教育目標等に次のように明記されている。

デザインの感覚と技術は、常に良き助言者としてはたらき、多くの幸福をもたらすでしょう。この研究所は、こういう抱負のもとに、わが国で第一線上にある方々を講師陣に迎え、バウハウスの綜合デザイン教育の流れをくんで、きわめて基礎的な、自由で創造的な教育を実施しています。（中略）そういう意味で、この研究所は、日本で唯一の、綜合デザイン教育の場であるといえましょう。

では、実際の授業内容はどのようなものだったかを当時の資料で見てみたい。筆者の手元に、渋谷校舎

図31　桑沢デザイン研究所渋谷校舎。昭和三十四年（一九五九）三月（上）
図32　桑沢デザイン研究所渋谷校舎。「桑沢デザイン研究所入学案内」（昭和三十九年［一九六四］）より（下）

に移転した時にリビング・デザイン科の基礎クラスで学んだ学生の「ノート兼スケッチブック」〔図33〕と「修了証書」〔図34〕がある。これらの資料には、当時の授業内容の様子（課題とその表現）が日付入り（途中から未記入）で克明に記録されている。また、その授業を担当した当時の講師も修了証明書〔図35〕によってよく判る。したがって、この資料によって、初期桑沢デザイン研究所の授業実践をより具体的に検証できるのである。つまり、これらの資料は桑沢デザイン研究所の授業実践の中で、どの内容が普通教育に影響を与えたのかを明らかにするために、その重要な資料だといえる。そのスケッチブックの記録は、昭和三十三年（一九五八）四月十九日からスタートしている。この年度は、偶然にも小・中学校学習指導要領の内容に初めて「デザイン」が導入された年でもある。次に、それらの中から主に「構成」分野の授業を中心に分析していくことにしよう。

「構成」（四月十九日）の最初の授業は、①材能（FANCTION）―形、②構造（STRACTION）についての講義である。担当は真鍋一男（当時は横浜国立大学講師）である。この「構成」の授業における「課題1」は、「更紙とベース（黒）の関係と可能性について」〔図36〕である。この課題の内容は、現在の中学校の美術の内容に置き換えれば「紙と描画材の特性を生かして自由に構成しなさい」という内容で、正確にはモダンテクニックに属する課題である。この後に示す多くの課題も、ほぼ同様なモダンテクニック、あるいはデザイン技法と呼ばれ、現在の普通教育において最もよく行われている表現技法の一種

図33　石川キクエが使っていたスケッチブックの表紙。昭和三十四年（一九五九）

図34　桑沢デザイン研究所基礎クラス修了証書。昭和三十四年（一九五九）（上）

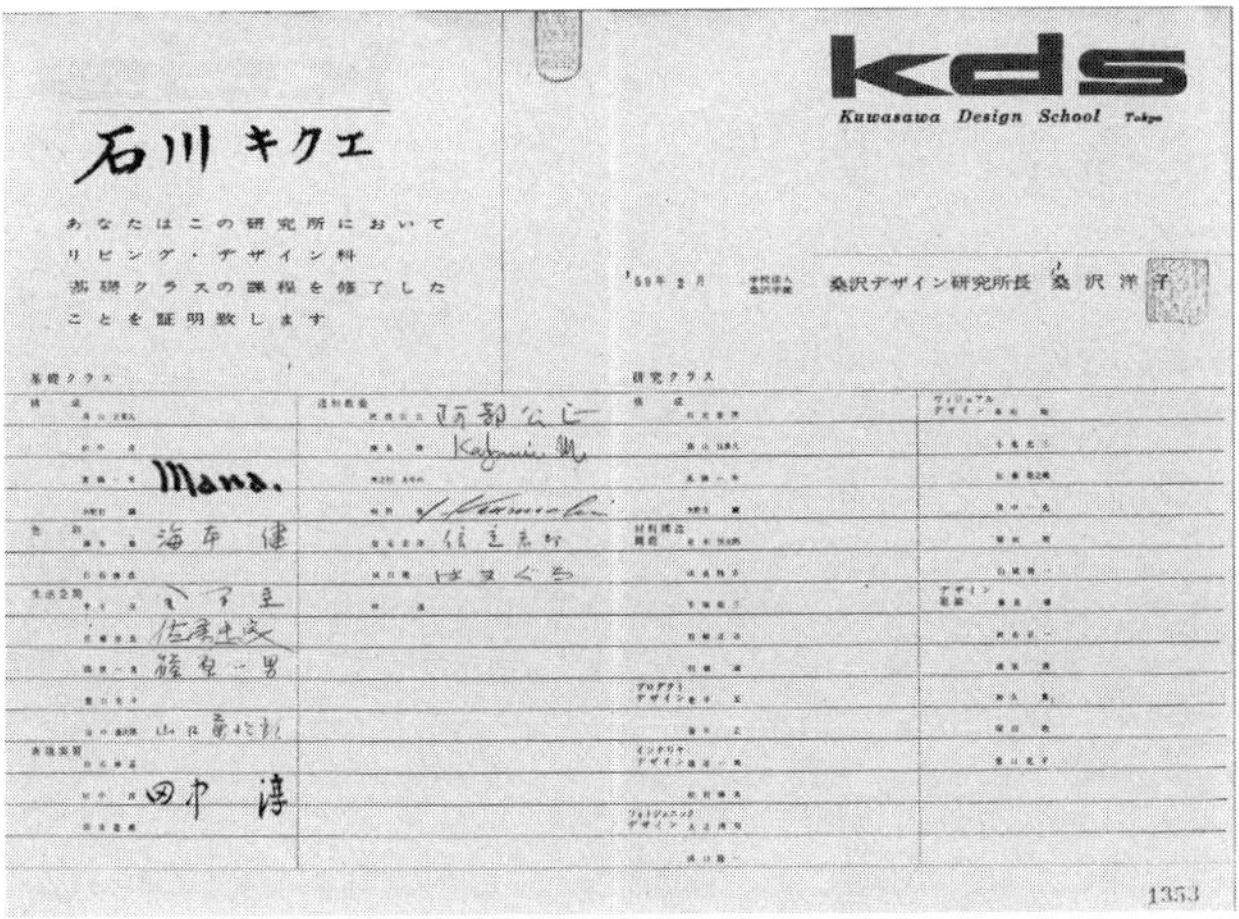

石川 キクエ

あなたはこの研究所において
リビング・デザイン科
基礎クラスの課程を修了した
ことを証明致します

kds
Kuwasawa Design School Tokyo

'59年3月　桑沢デザイン研究所長 桑沢洋子

基礎クラス
研究クラス

1353

図35　石川キクエのリビング・デザイン科基礎クラス課程修了証明書（修了証書中面）。昭和三十四年（一九五九）三月

である。

「課題2」（五月十日）は、「水溶性の色料（広義）による造形的可能性の限界について」である。例示は「落ちる、落とす、振り落とす」とある。これは現在でも幼児教育期から行われているにじみや吹き流しといった技法を用いている。

「課題3」（五月十七日）は、「捺して造るPRINNT・PATTERN」〔図37〕。例示は「擬集した感じ（開放的でないもの）・・お金がしれる」、「何で捺したかを先に察せられないこと、先ずきれいだと視せるもの・・豊かな資源」とある。これも小・中学校において現在でもよく行われているスタンピング（はんこ遊び）という技法による一般的な構成である。

続いて、「色彩」（四月二十六日）の記録もある。この授業は海本健（当時は造形教育研究家）が担当している。「課題1」は、「GRADATION（漸層、漸増、階調）である。例示は「似た形、似た面積、全面、絵の位置を華色―統一、位置を変える―方向―変化とある。「課題Ⅱ」では「好みの色」で、例示は「シャープなカットと線状」とある。このような表現は、現在ではあまり実践されていないが、かつて中学校で学ぶ色彩構成の基礎的な表現方法の一つであった。

「構成・課題5」（五月二十四日）は、「WAX・WATER・COLOUR」「耐水性を利用する」〔図38〕である。例示1は「画用紙の上に蝋を塗り、そこに針、ナイフなど先のとがったもので画面を描いていく」

とある。例示2は「イ・にかわ、ロ・石けん、ハ・油類の可能性」とある。これらの技法は、バチック（はじき絵）といわれ、小・中学校では比較的ポピュラーで、自由に表現できる技法の一つである。「構成・課題6」は、「FROTTEIGE」である。いわゆる擦り出しといわれているフロッタージュの技法である。モダンテクニックの中でデカルコマニーと並んでよく知られた技法の一つである。

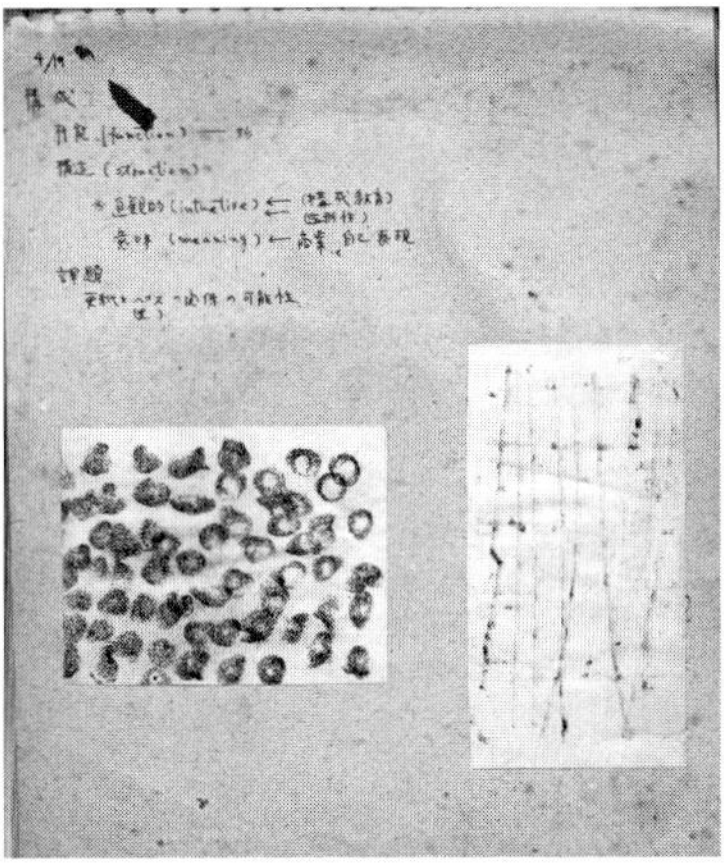

図36　構成Ⅰ・課題「更紙とパス（黒）の関係の可能性」（担当 真鍋一男、石川キクエ作成、以下同）。昭和三十三年（一九五八）四月十九日

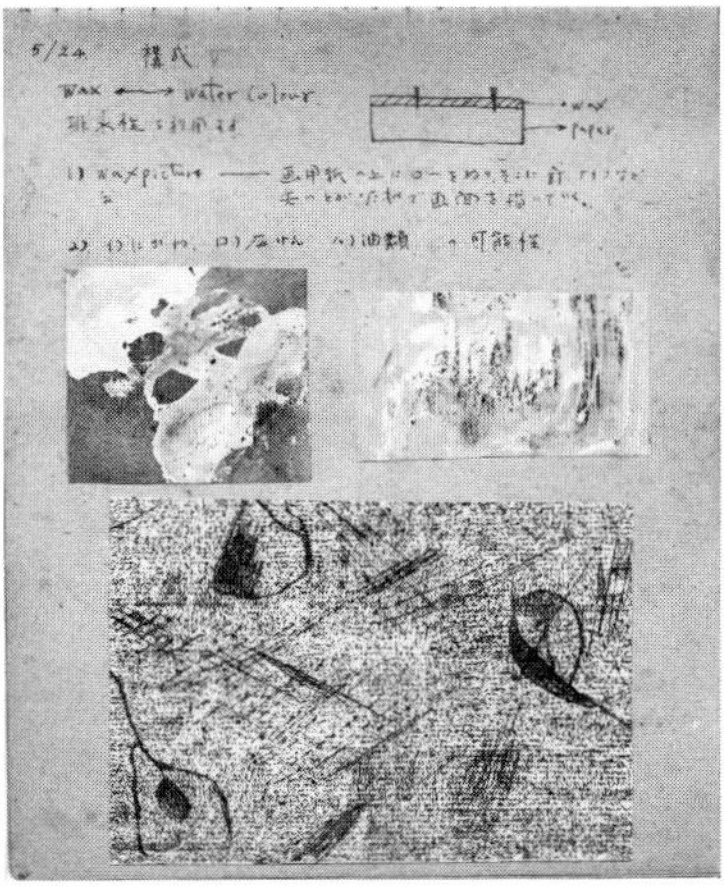

図37　構成Ⅲ・課題「捺して造る」Print Pattern。昭和三十三年（一九五八）五月十七日

「構成7」の「課題I」は、円弧による形—中心点、半径の微細な移動による。烏口コンパスによる特殊な効果、透視的局面、視覚的うなり現象などとあり、幾何学的、有機的形態と例示されている。「課題II」は、「針のSCRATCHによる大きい円弧の構図（極少の直線可能）である。これらは、線や点による構成表現の一つで、かつては中学校や高等学校でよく見られた表現内容である。

「構成8」の課題は、「浮標する色料の定着」〔図39〕。I墨（自動的試行—意識的、規則的）、II水彩、III油性（油絵の具、エナメル）」である。例示1は「規則的—幾何学的」、例示2は「不規則的—感動的」である。ポイントは、コラージュによる絵又はグラフィックデザインとある。これらは、水面に浮いている描画の用材を写し取る技法で、現在もよく行われ、生徒の人気が高いマーブリング（墨流し）という表現技法である。

「構成・課題9」は、「線による形の楽書—どの位の異種の形が出せるものか」である。例示1は「直線」、例示2は「直曲線」、例示3は「曲線」となっている。ポイントは、発想（発展）、無意識、自働的、符号的、数量的、幾何学的、映像的。発展の仕方の種類として、関連的（近代的・反対的・分類的）とある。これらの課題は、いわゆる発想トレーニング的表現である。残念ながら現在の美術教育では、このような発想トレーニング的表現には、授業時間の削減等の理由からほとんど行われていないのが実情である。

「構成・課題10」と「構成・課題11は、「各種の線の並行線的なリズム—太細、濃淡」、「線分の構図—線の独自性を保持する―ある輪郭を感じる面の部分としての線の働き」である。指示された条件を付けペンや製図ペンを用いて、美しく構成的に描くための訓練的表現である。このようなドリル的な課題は、現在高等学校の専門課程を除き、普通教育においてはほとんど行われない内容である。

「構成・課題11」は「TACTIL完全触覚的芸術」〔図40上部〕である。例示は「盲接触感覚―純粋な抽象的触覚」で、盲人が歩いても楽しめるもの、レリーフ的な・前後運動・上下作用とある。この課題では、

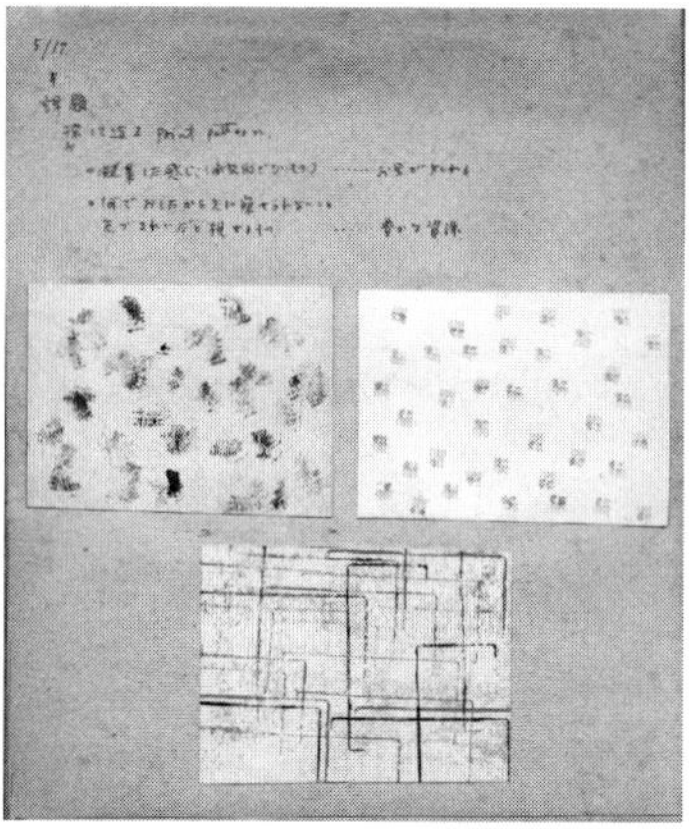

図38　構成V・課題「耐水性を利用する」Wax Picture。昭和三十三年（一九五八）五月二十四日

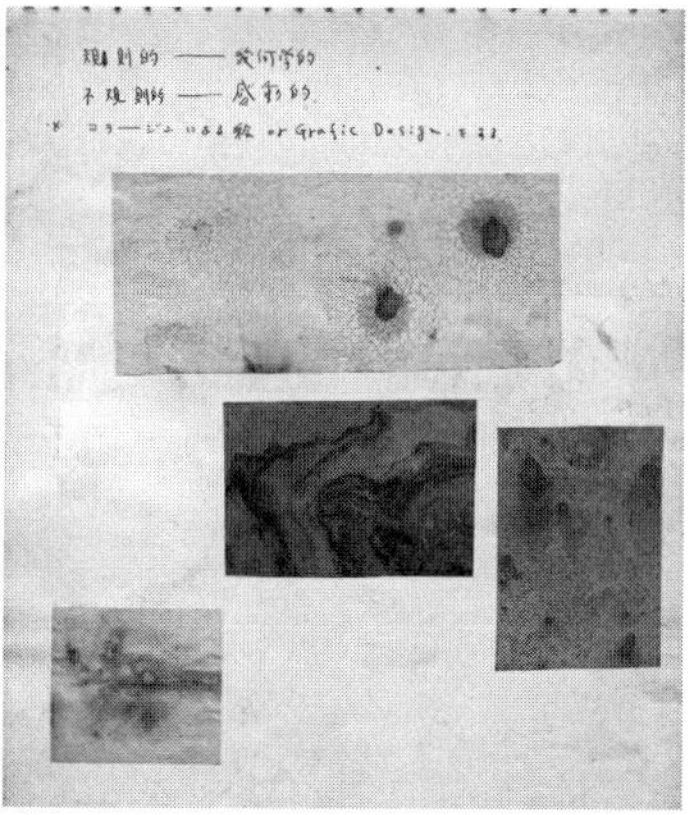

図39　構成Ⅷ・課題「浮標する色料の定着」

先ず作者が短いストリーや場面を自由に想定する。次に触覚的な素材を用いて、想定した場面を抽象的に画面に貼って表すという高度な表現である。しかし、簡単にいえばテクスチャーのコラージュ表現である。ただ、コラージュにイメージをもたせて貼らせる表現は、現代の普通教育の授業でも十分に生かせる優れた内容である。

この他、まだまだ課題が続くが、この後は興味深い課題のタイトルのみ紹介しておくことにする。たとえば、「直線による曲線の構成」〔図40下部〕、「点による造形の可能性」、「斜投影図法による立体化」、「透視図法による二消点の構成」、「線分のリズミカルな構図」、「直線集合によって曲面感と強調する曲面感の構成」、「点による造形の可能性」、「SPIRAL・渦巻きの構成」などの課題がある。

以上、どの課題を見てもたいへん興味深いものがある。これらのリビング・デザイン科における「構成」の課題は、桑沢デザイン研究所が「入学案内」等で「バウハウスの綜合デザイン教育の流れをくんでいる」と明記しているように、バウハウスの創立当時の教授であったヨハネス・イッテン、その後のモホリ・ナギやヨーゼフ・アルバースなどが予備課程で教えた基礎造形教育の内容にかなり近いものを感じる。その内容とは、「形態・色彩・材料〈質感〉」などの造形エレメント〈要素〉を体験的に学習する課題である。このイッテンなどがバウハウスで行った予備課程教育の詳細については、第一章第二節を参照していただきたい。〔図41〕〔図42〕

イッテンの基礎造形教育の目的は次の通りである。「一、学生の創造的才能を解放し育成する。二、将来の職業選択の助けとする。三、造形芸術の基礎としての初歩のデザインを指導する。」（＊37）という教育である。この教育の主眼とするところは、知識よりも直感を重視するもので、特に視覚・聴覚・触覚の三感覚を刺激することを重視して、「一、感覚的に経験させる。二、合理的に客体化する。三、総合体として具体化する。」という三通りの方法で学習させた。さらに、イッテンは次のような要素に分けて指導

＊37 武井勝雄「ヨハネス・イッテンの造形基礎教育」『デザイン教育入門―バウハウス・システムによる―』二二九～二三二頁、一九六七年

＊38 武井勝雄「ヨハネス・イッテンの造形基礎教育」『デザイン教育入門―バウハウス・システムによる―』〈前掲書＊38〉二二九～二三二頁、一九六七年

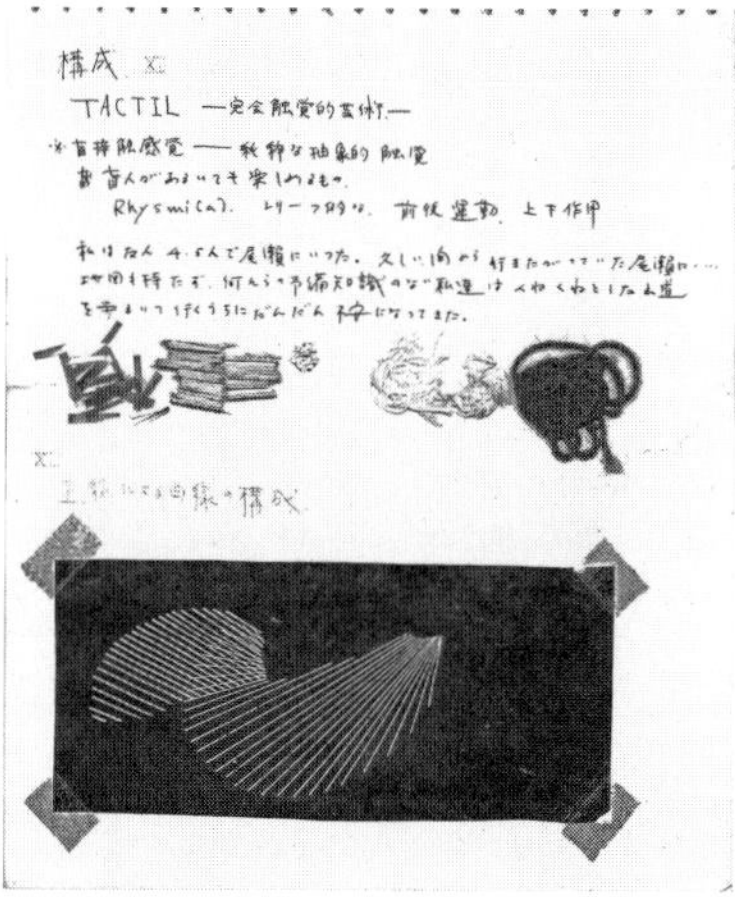

図40 構成XII・課題「TACTIL 完全触覚的芸術」
構成XIII・課題「直線による曲線の構成」

した。

「一、明暗の学習。二、材料とテクスチュア。三、形体の学習。四、リズムの学習。五、表現派的形体の学習。六、主観的形体の学習。七、色彩の学習。」（＊38）である。

桑沢デザイン研究所において、構成教育の中心的な指導者であった高橋正人は、当時の模様の図案を考える装飾的な基礎教育をデザイン教育と考えている傾向に対して、桑沢デザイン研究所におけるデザインの基礎教育を例に出しながら、次のように述べている。

装飾もようでないデザイン教育とは、どのようなものであるかというと、一つは、いろいろなマテリアル──木とか金属とか、プラスチック、布、紙、絵の具など──が、どのような可能性をもっているかということや、色彩・光・形などのような造形要素が、物理学的・心理学的に、また生理的にどのような効果を与えるかということについての実験的な研究や、使用や表現の目的についての機能的部面、についての研究であって、もう一つは、どのような形や、色彩や、テクスチュアや、またそれらの組合わせによるリズムや、ハーモニーが、視覚的感動、美しさ、快さというような効果を与えるかということについての、感覚的な学習である。」と述べている。さらに、基礎教育のカリキュラムについては、「私たちが直接関係している材料の基礎練習や、構成練習、触覚練習などのような基礎教育の部面を参考のためにあげて置きたいと思う。このような練習は、すべて感覚をつくるためのもので、自然の形をパターンにする練習などは含まれていない。もっと根本的に、色彩や形や地肌の与える効果、材料の可能性の探求ということが目的である。（＊39 高橋正人「デザイン教育とリビングデザイン科、デザイン教育とは?」『リビングデザイン（一五号）』二九～三〇頁、美術出版社、一九五六年）

また、高橋はバウハウス以前の工芸の図案教育と、それ以後のデザイン教育との違いについても言及している。そして、ここでは桑沢デザイン研究所のデザイン教育がバウハウス以後の内容をベースにしてい

図41　授業風景。中央の黒板前の女性が石川キクエ。昭和三十三年（一九五八）

図42　桑沢デザイン研究所リビング・デザイン科のクラス。前列右から四人目が真鍋一男、前から2列目の中央の女性が石川キクエ。昭和三十三年（一九五八）

ることはもちろんだが、バウハウスの予備教育を意識的に体系づけていることなどについても示唆している。

前述したように、ヨハネス・イッテンらの造形エレメントを学習する目的の基礎造形教育の内容は、既に川喜田煉七郎の新建築工藝学院の授業で行われていた。また、新建築工藝学院で桑澤洋子と共に学んだ構成教育の実践家である武井勝雄や間所春も、ほぼ同じような構成教育の実践を小学校で展開していた。そして、高橋も述べているが、初期桑沢デザイン研究所の教育カリキュラムにおいて、特にリビング・デザイン科（基礎クラスと研究クラス）の科目内容には、これらの構成的な教育内容と同様な特徴が見られるのである。つまり、それらは基礎造形のトレーニングとして、様々な感覚を養う中で、「意味、機能、材料、構造、技術を総合的に把握し、造形する能力を養うための基礎」を学び、さらに「概念化をさけ、創造的な思考・感覚・構成・鑑賞の能力を養う」（＊40）ための教育を重視したことである。したがって、初期桑沢デザイン研究所が「日本版バウハウス」と呼ばれた所以には、このバウハウスの予備課程教育やニュー・バウハウス（註12）等の教育のセオリーやメソッドを、デザイン教育の新たな基礎造形科目として展開し、それらの実習を通して主に感覚の体験と技術習得を行うベーシックな教育を行ったことが、その主たる理由になったのではないかと考えられるのである。

次に、この初期桑沢デザイン研究所で行われた基礎造形科目の内容と造形教育センターの実践活動等を比較検討して、当時の図画工作科や美術科教育に与えた影響等を考察してみることにしたい。

三、初期造形教育センターの活動と実践

造形教育センターの創立された頃の様子、あるいは造形教育センターが果たしたもの等についての詳細は、第二章に述べられている通りである。ここでは、主に初期桑沢デザイン研究所で行われた基礎造形教育の内容と初期造形教育センターの実践活動等を比較することによって、当時の普通教育に及ぼした影響などを分析することがねらいである。

第二章で述べられているように、造形教育センターは昭和三〇年（一九五五）六月十八日の発足以来、毎月京橋のナビス画廊で子どもの作品展を開催し続けた。その展覧会において中心的存在であった藤沢典明（千代田区立今田小学校）が、その趣旨を次のように述べている。

児童画展やコンクール、豆天才育成に幻惑されている多くの親や教師にとっては、わたしたち仲間

註12　ニューバウハウス、一九三五年にベルリンで閉校したバウハウスの教師たちがアメリカに亡命し、その教育理念や方法を継続しようとした。ヨーゼフ・アルバースがブラック・マウンテン・カレッジで、ワルター・グロピウスがハーヴァード大学など。ラスロ・モホリ・ナギも一九三七年シカゴにニューバウハウスを開校し、彼らを通してバウハウスの理念やカリキュラムが世界中に広がっていた。

＊40　高橋正人「デザイン教育とリビングデザイン科、デザイン教育とは?」『リビングデザイン（一五号）』〈前掲書＊40〉二九〜三〇頁、美術出版社、一九五六年

の仕事を、直ちにバウハウスの受売りとみたり、モダンアートのエピゴーネンとけなしたりする危惧もないではないが、いずれ判ってくることであろう。美術教育では、何をおいても造形能力を培うことが先決だからである。（中略）教育するという基底では、常に子どもの心理的・生理的な発達の段階に即して行うということを考えることである。それは一方では子どもの感性（心）を豊かにし、他方では知性（頭）を磨きあげることであり、子どもの空想や夢を大切にすると同時に、材料や機能に対するデザインする総合力を無意識的な造形遊びからだんだん意識的に育てあげねばならないということでもある。（中略）私はこどもの感官にいろいろな角度からの刺激を与え、その反応としての作業過程で、線とか形とか、点、面、質、色、空間、光などの視覚の言葉で、心の訴えを読みとるのである。（＊41 藤沢典明「造形する子どもたち」『リビングデザイン（一一号）』、五五頁、美術出版社、一九五五年）

この藤沢の文章からは、子どもと大人の違いこそがあるが、桑沢デザイン研究所のデザイン教育における基礎造形と造形教育センターの考え方に共通点を見いだすことができる。それは、共にそれまでの固定化されてきた視点による教育方法の歪みなどを、新たな基礎造形的な実践によって是正しようとしている試みである。また、それらの試みは、完成された作品のみに価値（クオリティー）を見いだすのではなく、むしろそのプロセスの中にその意味を見いだす考え方である。そして、これらの基礎造形では、色彩・形体・テクスチャ・コンポジッション・リズム等々、直接的な知覚を基とするものを通して造形性の育成を図ろうとしているのである。そして、そのような知覚は、全ての人間が本来もっているものであるからこそ、それを敢えて意図的に養い、身に付けることが造形の基礎を学ぶことであると捉えている。このような考え方を基にした表現は、後の昭和五十二年（一九七七）に図画工作科における「造形的遊び」（後に「造形遊び」に変更される）という内容に発展していくことになるのである。

造形教育センターが教育運動体として果たした内容については、第二章第四節に詳しく述べられている。特に教育行政に対して教育課程改訂の要望等によって、昭和三十三年（一九五八）に告示された学習指導要領改訂に大きな示唆を与えた〔図43〕。

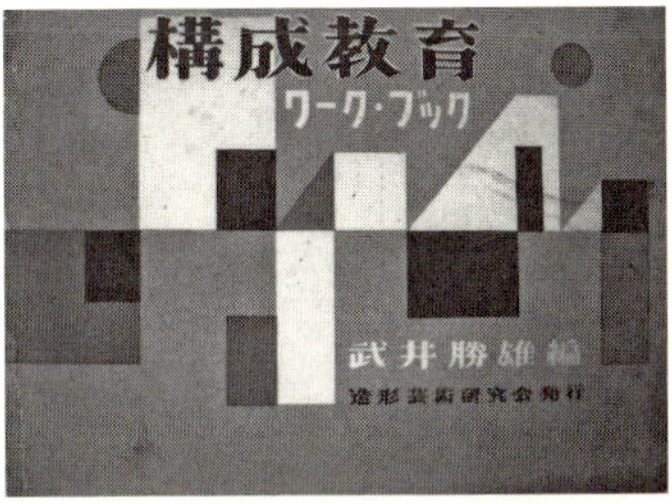

図43　武井勝雄編『構成教育ワーク・ブック』造形教育芸術研究会・昭和三〇年（一九五五）四月（上）

図44　『中学校図画工作科、高等学校芸術科美術・工芸 指導書デザイン前編』文部省・昭和三十三年（一九五八）（下）

その結果として、「デザイン」という「内容」が初めて図画工作科や美術科の学習内容に導入されたと捉えてもよいだろう。

たとえば、小学校学習指導要領図画工作科においては、二年生までの「模様をつくる」と三年以上の「デザインをする」という二つの文言で示されている。この「模様をつくる」とは、単独模様や連続模様などを表すことではなく、もっと素朴な自然発生的なものを意味し、子どもが飾りたいという欲求を満足させるものとして、表現の喜びを喚起させる模様づくりである。その意図は、デザイン的思考の芽生えとしての模様づくりである。さらに、三年以上の「デザインする」とは、用途をもたない自由構成と、用途を主としたデザインの二種類に分かれている。ここでいう「構成」とは、構成の経験をすることを通して、物の機能や構成のもつ美しさを感覚的に学んでいくことである。あるいは、いろいろな材料を使って構成の経験をすることで、材料経験を豊かにし、新しい技法や発想・構想をその中から見つけていくことである。そして、用途をもったデザインでは、基礎的なデザイン能力を身に付けることで、子ども自身の生活上の造形的な問題を解決していく手立てとなることをねらっているのである。しかし、子どものデザインの学習は、あくまでデザインの基礎学習であり、たとえ用途をもった場合のデザインであっても、造形全般についての基礎と考えている点が重要である。つまり、できるだけ広く材料と技術について知ることを重要な目的としているのである。また、それらは技術そのものに対する習得を必ずしも必要としてはいない。

むしろ、あらゆる経験を通して豊かな可能性を子どもの中に芽生えさせたり、造形の素地を培ったり、これらの造形的活動の中から外界との適合をスムーズにできるようにすることを重視しているのである。

次に、中学校美術科では、やはり昭和三十三年度版の「学習指導要領」に「デザイン」という「内容」が初めて導入された。たとえば、第一学年の目標には「(3) 色や形などを美術的に処理する能力や、デザインの能力の基礎を養う」。第二学年では、「(3) 第一学年における色や形などの基礎練習や美術的デザインの学習経験を基礎にして、さらに意図的に自分の構想をまとめ、これを表現する能力を養う」。第三学年では、「(3) 第一学年や第二学年の色や形などの基礎練習や美術的デザインの学習経験の基礎の上

図45 『小学校デザイン学習の手びき』文部省・昭和三十六年（一九六一）

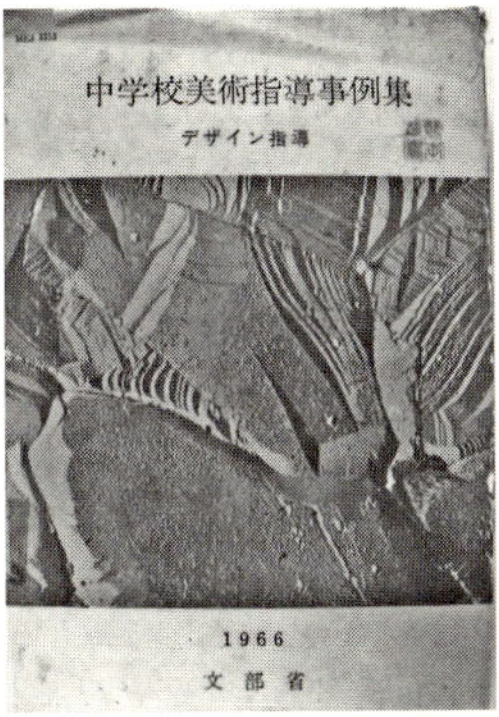

図46 『中学校美術指導事例集・デザイン指導』文部省・昭和四十一年（一九六六）

図47 東京都中学校美術教育研究会編『デザイン・中学校美術指導事例集』昭和四十六年（一九七一）

に、これらをいっそう伸ばすとともに、総合的に応用する力を養う」とある。具体的には色彩、平面構成や立体構成におけるリズムやバランス等の構成原理、ポスターやレタリング、そしてレイアウトなど、非常に多くの表現内容が加わっている。〔図44〕〔図45〕〔図46〕〔図47〕

しかし、その反面、構成のための練習は、元来デザインの専門教育における予備課程教育として生まれてきた経緯がある。確かに、児童・生徒のための基礎的造形活動としての教育的重要性は十分にあるが、これがそのまま「デザイン」の教育というわけではない。したがって、当時このような「構成」教育を行う意味や意義に対して、当然疑義や批判も生まれたのである。前述したように、確かに構成の練習はデザイン教育の重要な要素の一つではあるが、決してこれがデザイン教育の全てとはいえない。一般的にデザイン教育の主体となるべきものは、用途をもった適用表現（造形）である。したがって、この二つがバランスよく合致してこそ、はじめてデザイン教育の学習形態が生まれてくるのであろう。

いずれにしても、桑沢デザイン研究所は、バウハウスにおける予備教育のセオリーやメソッドをいち早く取り入れ、それまで我が国にまったく無かった独自の「デザイン教育」のための基礎造形教育を試行したのである。さらに、造形教育センターなどの実践活動と連携しながら、普通教育におけるデザイン学習の重要性を示唆し、また「造形」という概念や言葉を広めたことは確かな事実である。そして、その功績は戦後の美術教育において、極めて重要な意味を持たせたことになったといえるのである。

第三節　学校法人桑沢学園と造形教育思想について

一、東京造形大学の設置計画と造形教育思想

桑沢デザイン研究所は、昭和二十九年（一九五四）に創立された。それから十二年後の昭和四十一年（一九六六年）、桑沢学園理事長の桑澤洋子を初代学長として東京造形大学が開学された。本稿では、東京造形大学の開学と桑沢デザイン研究所、並びに造形教育センターとの相関を探りながら、我が国で初めて大学名に「造形」を冠した由来やその意味、そして初期の東京造形大学における授業内容等の分析を通して、当時の教育理念や建学精神等を分析しながら、普通教育（学校）における造形教育との関わりなどを考察していくことにしたい。

東京造形大学開学三年前の昭和三十八年（一九六三）、桑沢デザイン研究所は創立一〇周年記念事業を挙行した。その際に、『桑沢デザイン研究所の歩み』という記念誌を刊行した。また、翌三十九年（一九六四）には、アジアで最初となる「東京オリンピック大会」が開催されている。この頃の日本は、高度経済成長期真っ直中の活気あふれる時代であり、そのような社会的機運に助長されながらデザインの領域が急激に拡大されていき、同時にそのニーズを増しながら、さらに社会化されていった年代だといえる。

その年の四月二日、若き頃に川喜田煉七郎が主宰する新建築工藝学院で桑澤と共に学び、一緒に『構成教育大系』の編集を手伝った間所春が静かに他界した。間所春は、小学校の図画工作科教育において、四〇年以上一貫して構成教育やデザイン教育を実践した教育者である。彼女の図工教育におけるテーマは、デザインによって「花を咲かせましょう、こどもに楽しい夢と明るい生活を・・」であった。このような間所の思いや願いは、たとえ指導する年齢が異なる相手であっても、教育者桑澤洋子自身もきっと同じような気持ちだったに違いない。

東京造形大学創立に先立って発行された『東京造形大学入学案内』には、大学の「教育目的」が次のように明記されている。

当大学の教育目的は［デザイン］および［美術］を［造形］という広い観点から総合的にとらえ、その理論・応用を教授研究するとともに、深く専門技能をきわめ、個性豊かな人材を育成し、文化の創造、とくに日本の産業の発展、社会の福祉に貢献することを目的とするものであります。（中略）デザイン学科の特色は、近代デザインを基盤とし、あわせて日本の伝統デザインを統合し、デザインの諸分野との横断的関連のうえにたって学ばせることにあります。美術学科の特色は、旧来の純粋美術教育の観念および方法を脱却し、近代造形・近代社会に根ざした広い視野にたって学ばせることにあります。（＊42『東京造形大学入学案内』一頁、一九六六年三月）

「造形」という名称が世の中でまだ認知されておらず、しかも一般化されていないこの時代に、何故創立者の桑澤洋子は大学名に「造形」を冠し、その思想を大学教育に託したのだろうか。このことについては、本書の最も重要なテーマの一つである。いずれにしても、本学の教育目的の中で最も注目すべき箇所は、「デザインおよび美術を「造形」という広い観点から総合的にとらえ、その理論・応用を教授研究する」という一文である。

桑沢デザイン研究所の創立十周年の際に発行された『桑沢デザイン研究所10年の歩み』の中に、桑澤が学園の理事長の立場から書いた「将来の学園都市計画の構想」という桑澤の挨拶文がある。

一つは近い将来、デザイン大学に移行する目標のもとにたてられた4年課程の「デザイン専門教育」の構想であって、この場合は必然的に、選抜された優秀で少数の教育を想定しております。（中略）わたくしは、どこまでも創立のときに考えた純粋な理想に向かって、今後死ぬまで一生懸命、働きたいと思っております。（＊43 桑澤洋子「将来学園計画の構想」『桑沢デザイン研究所10年の歩み』五二頁、学校法人桑沢学園桑沢デザイン研究所、一九六二年）

この桑澤の文章で注目したい箇所が二つある。一つは、創立者の桑澤が当初東京造形大学を「東京デザイン大学」として構想していたことである。二つ目は、「どこまでも創立のときに考えた純粋な理想に向かって」という言葉である。たとえば、『桑沢洋子随筆集・遺稿桑沢学園』の中の「浦辺先生と東京造形大学」という文章において、桑澤は次のように述べている。

私は浦辺先生に、姉妹校・桑沢デザイン研究所のことや、造形教育の理想の一環として大学創設のこと、設計の希望として、本館・管理部門と講義室を中心とする［静］の部分に対し、デザイン工房・アトリエを中心とする［動］の部分との構成を考えていること、（中略）またデザイン・美術の問題は刻々に変化し、将来の予測が難しく、大学そのものも試行錯誤を繰り返しながら成長していくことを予想して、弾力性をもたせた空間であって欲しく、（中略）などと、沢山の難問題をもちかけた。（＊44 桑澤洋子「浦辺先生と東京造形大学」『桑沢洋子随筆集遺稿桑沢学園』一九五頁、学校法人桑沢学園、一九七九年）

この文章から、桑澤が抱いていた若き頃からの夢と新たな大学教育に寄せる思いが重なって見えてくるのも不思議ではない。この一貫した造形主義的思想は、やはり新建築工藝学院で培った基礎造形やデザインに対する考え方を基盤とし、その後彼女と出会った様々な人たち、中でも勝見勝や高橋正人、そして橋本徹郎などの影響がその思想を確固たるものにしたといえるのであろう。

ところで、東京造形大学を創立する際に、当初は東京デザイン大学として構想していたことを前述したが、このことを正式に裏付ける貴重な資料がある。その資料とは、勝見勝の直筆で書かれた「桑沢学園・大学設置計画書（案）」という書類である。この書類は、おそらく大学設置構想に参加した勝見が、何らかの会議に提案したものであることは間違いないと思われる。その書類には、勝見の意見が十項目に渡って詳細に記入されている。次にその中から主なものについてのみ紹介しておくことにしたい。

一、名称　東京造形大学、日本芸術大学、造形芸術大学、国際デザイン大学。学校法人桑沢学園の名は温存し、附属のデザイン研究所からは桑沢をとり大学と照應させる（東京デザイン研究所又は日本デザイン研究所等）。二、理事会の強化（第一期）と拡大（第二期）A強化（昭和三十八年一月―三十九年三月）現理事長のもとに、専務理事、常務理事、もしくは副理事長を設け、分掌事項を明確化し、かつ顧問制を活用、学園ブレーンの強化をはかる。B拡大（昭和三十九年四月以降）理事会、評議員会を拡大するとともに、理事会を教授会の分担と運営の円滑化をはかる。三、学長、学部長は理事会のメンバーに加わることを原則にする。四、資金、A主として桑沢学園の財産の運用による。B桑澤洋子個人の財産は借入金とする。C財界よりの寄付金および融資を仰ぐ。D卒業生の現職化によって寄付金を募る。E付帯事業の設置拡大によって収入をはかる。①通信教育部の設置。②事業部の独立、その他。五、キャンペーン。Aシリーズ・パンフレットの発行（広告収入）。B大講演会、映画会、音楽会、展覧会の開催。C講習会の開催。D講座の編集又は出版。E地方都市における講習会、その他の開催。F屋上にプロジェクト広告を設ける。六、学部計画。造形学部又はA芸術学部、Bデザイン学部の二本立て。○芸術社会学科A（附）広報学科、造形教育学科、○美術学科A、○建築造園都市計画学科B、○服飾学科B（附）テキスタイルデザイン学科B、○ヴィジュアルデザイン学科B（附）写真・映画学科、○プロダクトデザイン学科。七、第二期増設、広報学科A、造形教育学科A、写真映画学科A，演劇舞踊学科A，音楽学科A，体育学科A，生活芸術学科C。八、教授団の構成、A従来のメンバーの確保（専任）、○印は確実、●印は交渉、●阿部公正、○石元泰博、○勝見勝、●浜口隆一、○佐藤忠良、○真鍋一男、●松原郁二、●高山正喜久、○桑澤洋子、B新メンバーの招聘、C功労メンバーの資格工作、金子至、朝倉攝、桑澤かね子。九、D客員教授の確保、清家清、高橋正人、塚田敢、豊口克平、E必要メンバーの資格工作、○郡山正、渡辺力、服部茂夫、知久篤。十、招聘の候補、鈴木正明（金沢大学助教授、デザイン史、工芸）、水谷武彦（前都立大学教授、建築）、柳宗理（前カッセル工芸大学教授、工業デザイン）、三浦鉄夫（鶴見高校、東大、国語）、林健太郎（三重大学教授、美学、哲学）、加藤三郎（静岡大学、教育学）、剣持勇（多摩美術、インテリアーデザイン）、松原郁二（教育大学、造形教育）（＊45 勝見勝「桑沢学園・大学設置計画書（案）」岩波書店原稿用紙に書かれた直筆会議提出用書類、年代が未記入のため不詳）

この勝見勝の「桑沢学園・大学設置計画案」と、実際に東京造形大学が開学された時の組織とはかなりのずれがある。しかし、大学を創設するに当たり、勝見の意見が大きく反映されていたことは間違いない事実であろう。また、大学設置構想で勝見が目指そうとした教育理念が、学科の構成や担当教授の専門性などからよく判る。そして、何よりも当時の勝見の人脈がよく現れていると思われる。前述した勝見の大学設置構想案を簡潔にまとめると次のようになる。

理事長・桑澤洋子、専務理事・勝見勝、常務理事・高松太郎、山本哲也。学長・森戸辰男、学部長・勝見勝。学科長、美学芸術史学科長・阿部公正、教授・鈴木正明、針生一郎、勝見勝、客員教授・吉川悦治、助教授・信定宏郎。美術学科長・佐藤忠良、教授・朝倉攝、杉山寧。建築・造園・都市計画学科長・浜口隆一又は水谷武彦、教授、客員教授・清家清、吉村順三、助教授・篠原一男、大高正人、宮内嘉久、白石晴彦。ヴィジュアルデザイン学科長・大橋正又は勝見勝、教授・杉浦康平、助教授・田中一光、勝井三雄。矢野憲次。プロダクトデザイン学科長・渡辺力又は柳宗理。教授・山口篠次郎、皆川正、金子至、客員教授・豊口克平、服部茂夫、知久篤、助教授・内村喜之。ドレス・テキスタイルデザイン学科長・桑澤洋子又は伊東茂平、教授・桑澤かね、安東武男、柳悦孝。広報学科長・何初彦、客員教授・清水幾太郎、助教授・林進、高根正昭。造形教育学科長・郡山正、教授・真鍋一男、客員教授・高橋正人、高山正喜久、助教授・矢野目鋼、田中淳。生活芸術学科長・勅使河原蒼風。写真・映画学科長・石元泰博、教授・伊奈信男、助教授・大辻清司、田島計一。一九六七年新設学科、音楽・演劇・舞踊学科。

このように勝見の大学構想への提案はかなり詳細に渡って計画されていた。しかし、桑澤洋子が『桑沢デザイン研究所10年の歩み』の挨拶文で書いた「将来の学園都市計画の構想」では、デザインの専門教育のための「東京デザイン大学」構想であった。また、桑沢学園創立10周年記念の際に配布された「設立資金募集趣意書」には、大学名称が「東京造形デザイン大学」となっている。最終的な名称としては東京デザイン大学でも、東京造形デザイン大学でもなく、東京造形大学に落ち着いた。このへんの経緯について、もう少し詳しく検証すべきであるが、何分会議メモや関係資料が残っておらず、不明の点が山積したままである。ただ、一つ確実なことは、桑沢デザイン研究所と造形教育センター等の連携の元で、「造形」という用語が普通教育や専門教育でようやく認知されてきた時代性と社会的傾向による背景があったことである。また、桑澤洋子が構想していたデザインにおけるラボラトリー的教育に対して、勝見はあくまでデザインを中軸とした造形総合芸術大学を構想していたのである。そして、櫻井朝雄は、『評伝・桑沢洋子』（桑沢文庫3、二〇〇三年）の中で次のような興味深いことを述べている。

高松によれば、当初、校名に〈デザイン〉という文字をつけたかったのだが、カタカナ表記を文部省が許可せず、やむなく〈造形〉とうたうことになったという。けれど、英文表記にデザインの文字を採りいれることは差し支えなく、《Tokyo University of Art and Design》とした。ちなみに単科大学のCollegeではなく、あえてUniversityとしたのは、桑沢デザイン研究所の理念をさらに発展させ、〈本来デザイン学に不可欠の人文・社会・自然系の諸科学にも重点をおく大学を目指したから〉だった。

（＊46 櫻井朝雄「第十三章昇華」『（桑沢文庫3）評伝・桑沢洋子』二三六頁、学校法人桑沢学園桑沢文庫出版委員会、

二〇〇三年）

いずれにしても、櫻井が述べているように、ただ単に当時の文部省の大学設置認可だけの問題といえばそれまでだが、この勝見の提案書からは、大学設置にかける造形教育の革新的思想とその理想が読み取れる。つまり、東京造形大学設置構想並びに開学に当たっては、勝見勝の造形教育思想が大きく影響したといっても決して過言ではない。これまで発行された数々の桑沢文庫や桑澤洋子研究において、創立者桑澤洋子に比べて勝見勝の功績や存在等については、ほとんど語られてこなかった。桑澤洋子は、桑沢デザイン研究所と東京造形大学の創立者であるが故に当然である。しかし、東京造形大学創設までの経緯をあらためて鑑みると、実は勝見の知見とその影響が大きく働いていたのである。そのようなことから判断すると、今後は勝見の桑沢学園に果たした功績を再認識すると共に、勝見が主張した造形教育思想の分析をさらに深める必要性があるのではないかと考えている。

二、東京造形大学の開学

昭和四十一年（一九六六）四月、東京造形大学は南多摩丘陵の東京都八王子市元八王子町三丁目の二七〇七番地に開学した。〔図48〕〔図49〕〔図50〕中央線高尾駅北口前から路線バスに乗って約九分程度の場所にある。高尾駅から大学正門までは約４キロ近くあり、鎌倉時代に築かれた山城の八王子城趾に間近な位置に建設された。そこには、まるでハイキングコースのような自然豊かな山中に真っ白なモダンな校舎が建っていた。本館校舎は、自然景観を損なうことなく、山の斜面に建てられたコンクリート打放しの地下一階、地上四階の建築である。特にユニークなことは、本館が沢（清流）の上にまたがるように建てられたロの字型デザインで、一階から四階までの内側が吹き抜けになっている。そして、各階のテラスから見下ろすと、沢からせせらぎが聞こえてくる長閑なロケーションであった。また、この沢の付近はまむしの生息地で、学生の間では通称「まむし谷」ともいわれ、キャンパス内には「まむし注意」の看板があちらこちらに立てられている不思議な大学キャンパスであった。この本館校舎の設計は、顧問の大原総一郎（倉敷レイヨン社長）と親しい関係にあった浦辺鎮太郎（一九〇九〜一九九一）が行った。浦辺は大佛次郎記念館や倉敷国際ホテルなどの設計で知られている著名な建築家である。なお、建設工事は大林組が担当した。現在の元八王子校舎は、八王子城趾公園に訪れる人のための大駐車場に変わっており、当時の面影は山の地形だけが微かに残っている。〔図51〕〔図52〕〔図53〕〔図54〕〔図55〕〔図56〕〔図57〕〔図58〕〔図59〕そして、平成五年（一九九三）には、JR横浜線相原駅で下車し、スクールバスに乗って4分程度の場所にある宇津貫キャンパスに移転した。校舎の建築設計は国際的に活躍している磯崎新が行い、特に本館はサーモンピンクとブルーグレーの色調で、自然景観を生かしたアーチ型のデザインは斬新でモダンな校舎である。〔図60〕〔図61〕

東京造形大学の開学に当たって、桑沢デザイン研究所の多くの教育スタッフが移動したり、兼務したりして就任していった。開学時の経営側スタッフは、学長・桑澤千代（洋子）、顧問・森戸辰男、大原総一郎、デザイン学科長・勝見勝、美術学科長・佐藤忠良である。主な教員には、デザイン学科ヴィジュアルデザイン実技、グラフィックデザイン専攻主任・勝見勝、教員に高橋満寿男、高橋錦吉、杉浦康平、勝井三雄、海本健、矢沢宏司、横山徳禎。写真専攻主任・石元泰博、教員に大辻清司、東松照明、高梨豊、奈良原一高。プロダクトデザイン実技、インダストリアルデザイン専攻主任・皆川正、教員に渡辺力、金子至、柳宗理、田中淳、白石勝彦、豊口協、前田幸士。テキスタイルデザイン専攻主任・桑澤洋子、教員に東昇、

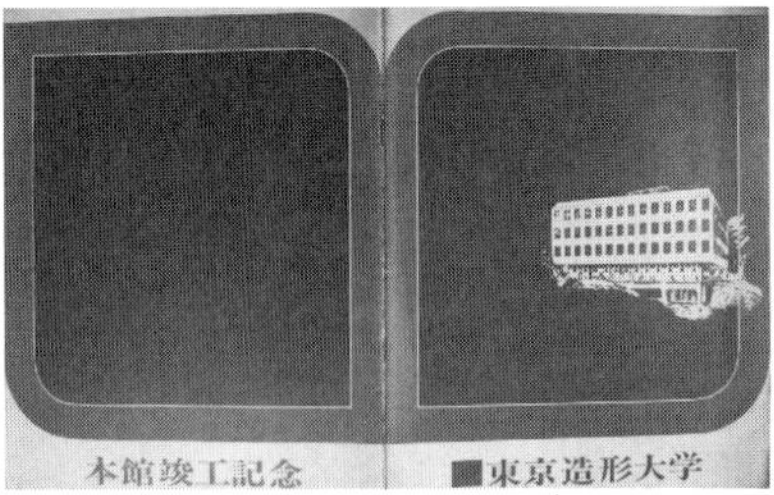

図48「東京造形大学 本館竣工記念」昭和四十一年（一九六六）三月

図49 着工から竣工へ 本館建設のための地鎮祭が行われた（昭和四〇年〔一九六五〕七月二十八日）。「東京造形大学 本館竣工記念」（昭和四一年〔一九六六〕三月）より

図50 浦辺建築事務所「東京造形大学本館完成構想図」（昭和四〇年〔一九六五〕）。「東京造形大学 本館竣工記念」（昭和四十一年〔一九六六〕三月）より

図51　着工から竣工まで　バス停留所から本館入口へ通じる坂道。「東京造形大学 本館竣工記念」（昭和四十一年〔一九六六〕三月）より

図52　着工から竣工まで　浦辺氏から説明を受ける桑澤洋子。「東京造形大学 本館竣工記念」（昭和四十一年〔一九六六〕三月）より（下）

図53　着工から竣工まで　本館の工事。「東京造形大学 本館竣工記念」（昭和四十一年〔一九六六〕三月）より

図54　着工から竣工まで　建設中の本館正面。「東京造形大学入学案内」（昭和四十一年〔一九六六〕）より

図55　着工から竣工まで 竣工間近の本館全景（昭和四十一年〔一九六六〕四月八日）。「東京造形大学入学案内」（昭和四十一年〔一九六六〕）より

図56　東京造形大学本館の雪景色。「東京造形大学入学案内」（昭和四十九年〔一九七四〕）より（下）

図57　東京造形大学キャンパス。昭和五十四年（一九七九）

図58　移転直前のキャンパス風景。平成十一年（一九九九）頃（下）

図59　移転直前の大学グランド風景。平成十一年（一九九九）頃

四本貴資、横田経子、錦織弘、根田みさ、海本小織、木村美知子、近藤英。美術学科絵画専攻主任・竹谷富士雄、教員に朝倉攝、森田信夫、上野誠、渡辺学、渡辺恂三、針生一郎。彫刻専攻主任・佐藤忠良、教員に五十嵐芳三、西常雄、船越保武、朝倉響子、深尾庄介、井上武吉、岩野勇三、堀内正和。専門教育（講義・演習）科目には、松谷彊、鈴木正明、豊口克平、塚田敢、浜口隆一、阿部公正、磯崎新、中原祐介、立木定彦など。一般教育科目には、村岡景夫、奥野高広、神之村黒白子などが担当していた。〔図62〕

東京造形大学開学時における「教育目的」は前述したように、「〈デザイン〉及び〈美術〉を《造形》という広い観点から総合的にとらえ、その理論・応用を教授研究するとともに、深く専門性をきわめ、個性豊かな人材を育成し、文化の創造、とくに日本の産業の発展、社会の福祉に貢献することを目的とする」である。ここでもう少し「教育の趣旨」等の詳細について、初年度の入学案内から補足して説明しておくことにしたい。

学部・学科の構成は、造形学部のもとにデザイン学科および美術学科を擁しております。デザイン学科の特色は、近代デザインを基盤とし、あわせて日本の伝統デザインを統合し、デザイン諸分野との横断的関連のうえにたって学ばせることにあります。美術学科の特色は、旧来の純粋美術教育の観念および方法を脱却し、近代造形・近代社会に根ざした広い視野にたって学ばせることにあります。具体的には、両学科とも初年次においては細かい専攻の区別を避け、広く学べるよう各授業科目が豊富に配列され、学生自らが自己の適性をみきわめつつ、年次を追うにしたがい専攻に進みうるように配慮されております。

ここで特に注目しておきたいことは、年次を追うにしたがい専攻の内容に進むということである。つま

図60　建設中の宇津貫キャンパス7号館。設計は磯崎新。平成二年（一九九〇）

図61　建設直後の宇津貫キャンパス本館。まだ造形広場が設置されていない。平成五年（一九九三）（下）

図62　東京造形大学開学時の主任教授（昭和四十二年（一九六七））。左から勝見勝、竹谷富士雄、桑澤洋子、石元泰博、佐藤忠良、村岡景夫、勝井三雄（補佐）、皆川正。「東京造形大学入学案内」（昭和四十三年（一九六八））より

り、第一学年や第二学年次における教育課程Ⅰでは、一般教育科目（教養科目）や共通主要科目を幅広く履修させ、第二学年次より教育課程Ⅰの専門課程を履修させる方法の段階的教育課程の編成である。特に、教育課程Ⅰの共通主要科目には、平面構成・図法・色彩構成・立体構成・空間構成・絵画デッサン・彫刻デッサン・フォトデッサンなど、学部全体に共通する基礎造形科目が配列されており、学科や専攻、コースの区別なく履修することが可能である。このような基礎造形科目については、現在の教育課程にも配列されており、東京造形大学の特色ある科目群としてしっかり位置付いている。一方、桑沢デザイン研究所の総合デザイン科等においても「基礎造形」科目を同様に重視した教育課程を編成している。このような教育課程の編成については、桑沢デザイン研究所と東京造形大学が、共に開学以来重視してきた造形教育思想の継承の現れといえよう。

三、桑沢学園と普通教育における造形教育運動

桑沢デザイン研究所と東京造形大学の教員の中には、造形教育センターと深く関わりのある人物が多くいたことは前述してきた通りである。最後に、その教員たちが巻き起こした造形教育運動やデザイン運動が、普通教育にどのような影響を与えたのか、その主な内容について考えてみたい。また、造形教育センターの活動については、第二章で詳しく述べられているため、ここではその内容を踏襲したかたちで考察

することにする。

　小・中学校、高等学校における造形教育やデザイン教育の運動は、造形教育センターが中心となり、造形教育センターと関わりのある桑沢デザイン研究所の教員がバックアップしながら展開されていった。その運動は図画工作科や美術科の授業実践に様々な示唆を与えた。その結果次のような影響を与えたのでないかと考えられる。先ずは、昭和三十三（一九五八）年度に改訂された「小、中学校学習指導要領」の図画工作と美術の「目標および内容」に、「デザイン」という領域を組み込む切掛けを与えたことである。この根拠として考えられる理由は、文部省が学習指導要領改訂のために組織した「教材等調査研究会小学校図画工作小委員会」がある。このメンバーは十六名であるが、その内九名に造形教育センターの中心的な人物が含まれていた。つまり、この小委員会において造形教育センターの造形主義の主張が当然反映されたことが推測できるのである。

　このような国の教育課程に関わるメンバーに選出されるには、それ相応の評価が必要である。さらに、教育的背景や現場教員のニーズ等も十分に考慮されて人選されるのであろう。また、教育的背景の一つとして、児童や生徒の公な作品展の傾向なども調査対称の一つになる。たとえば、昭和三十二年六月一〇日から十九日までの六日間、教育美術振興会と読売新聞社主催による、「第一回全国児童デザイン展」が東京池袋の三越百貨店を会場に行われた。この展覧会では、全国から幼稚園、小・中学校の児童・生徒から応募があったデザイン作品一万六千六百三十二点から、推奨七十六点、特選五百八十二点を選出した展覧会である。その審査員は、勝見勝、亀倉雄策、桑澤洋子、剣持勇、高橋正人、小池岩太郎、村井正誠、山口正城、熊本高工、林健造、藤沢典明、山口隆一の十二名が担当した。この審査員のメンバーをよく見ると、ほとんどが桑沢デザイン研究所と造形教育センターの関係者で占められていることが分かる。つまり、この審査員は当時の造形教育やデザイン教育を牽引している人物であると評価されて任命されたのではないかと推測できるのである。

また、同年（昭和三十二年）の一〇月十二日付で、当時の文部省教育課程審議会に「教育課程改訂に対する図画工作科の要望」という題名の『要望書』と『声明書』を造形教育センターの会員一同が連盟で提出している。この連盟には総勢七十五名の氏名と所属が明記されている。その中には桑澤洋子、勝見勝、高橋正人、橋本徹郎、真鍋一男、高山正喜久、熊本高工、塚田敢、豊口克平、滝口修造、渡辺力など、十四名の桑沢学園の教育スタッフの名が連なっている。このような二つの事例だけでも、桑沢学園と造形教育センターには大きな相関関係があることが容易に理解できるはずである。

この要望書の内容は「造形教育の使命と現況」、「一、造形教育の考え方」、「二、美と秩序」、「三、実践性」、「四、国際理解とわが国の造形教育の水準」である。この書類の骨子は、従来の図画工作科は絵を描いたり、粘土でものを作ったりする感情表現の世界だけに留まっているが、今後はデザイン、建築、工芸

【初期・桑沢学園を取り巻く主な教員と造形教育センターの相関図】

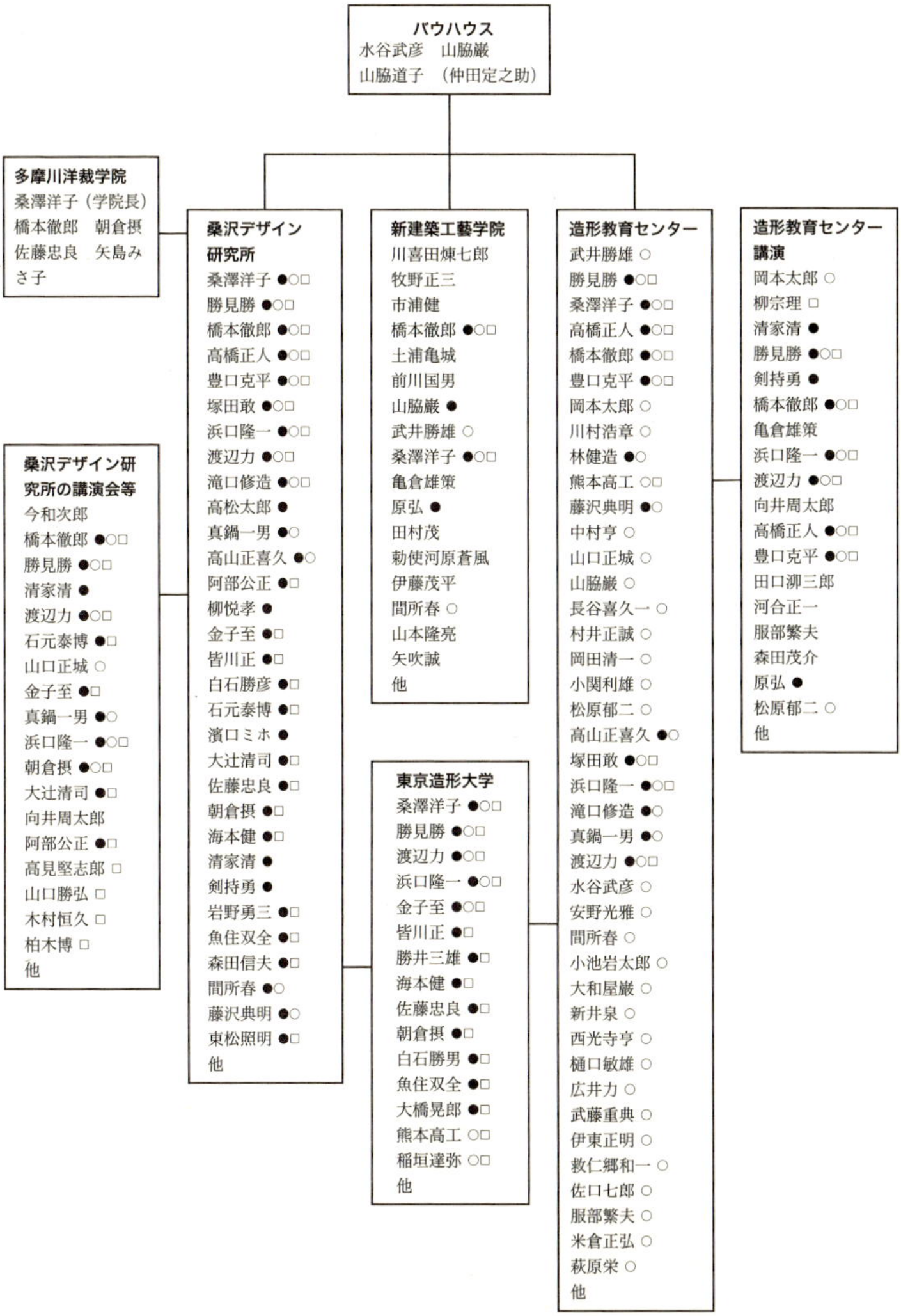

註　バウハウス：1919年（大正8）創立　　新建築工藝学院：1933年（昭和8）創立
多摩川洋裁学院：1948年（昭和23）創立　　桑沢デザイン研究所：1954年（昭和29）創立
造形教育センター：1955年（昭和30）創立　東京造形大学：1966年（昭和41）創立
●印：桑沢デザイン研究所　　○印：造形教育センター　　□印：東京造形大学
※履歴は専任教員・非常勤教員を含む、氏名は順不同。　　文責：春日明夫

等の幅広い領域における全ての色や形に関する秩序や機能や技術を、感覚を通して実践的に教育することが重要であると主張した。そして、その書類の巻末に造形教育センターの「声明書」が力強く明示されている。なお、この要望書や声明書の内容について指導したのは、造形教育センターのリーダーであった勝見勝と高橋正人の二人であるといわれている。その意味から考えると、この書類には特に当時の勝見が主張していた造形主義教育の思想が、全文に渡って色濃く反映されたのではないかと考えられるのである。

さらに、学習指導要領改訂時に文部省から発行された『中学校図画工作科、高等学校芸術科美術・工芸指導書デザイン（前編）』（昭和三十三年三月、日本文教出版）は、勝見勝が筆頭で執筆しており、造形教育センターの会員である高山正喜久や小池岩太郎らが図画工作小委員会委員として加わっている。そして、同様に文部省から発行された『小学校図画工作指導資料Ⅰ・小学校デザインの学習の手びき』（昭和三十六年八月、日本文教出版）には、編集委員十九名中の十三名が造形教育センターの会員である。また、この手びきの責任者である文部省初等中等教育局初等教育課教科調査官の村内哲二も同様に造形教育センターの会員であった。このような文部省の刊行物を編集したり執筆したりする委員の多くは、学習指導要領実施分析調査委員や学習指導要領協力委員等の仕事を経験した者が担当するのが通例である。したがって、これだけ多くの造形教育センターの会員や桑沢学園の教員らが関わるということは、かなりの影響力があったに違いない。

このような影響力と確固たる造形教育思想を提示した造形教育センターは、次の学習指導要領改訂に向けて、昭和四十一年七月一日付で同様な『要望書』を文部省に提出している。ここでは、特に「改訂教育課程と指導要領への要望」と題して、「一、教科名を造形科にすること」、「二、中学校美術科各学年必修週二時間を最低限度とすること」、「三、中学校美術科を造形科に改め、工作を復活すること」等を主張した。そして、昭和四十二年八月九日には、「改訂教育課程と指導要領に対する」『要望書』を教育課程審議会に提出した旨を会員に再度促す資料を作成している。なお、この時の『要望書』等の詳細については、第二章第四節を参照されたい。このような文部省や関係各所に提出した『要望書』や『声明書』がどれだけの成果が得られたのかは定かではない。しかし、明らかなことはその後の図画工作科と美術科の学習内容にデザインが導入されたことは確かである。中でも、「色や形などの基礎練習」と「美術的デザイン」の内容に大きな変化を見ることができる。特に色や形の構成においては、造形教育センターの研究会で実践発表された内容や、桑沢デザイン研究所における基礎造形の学習で行われてきた「感覚訓練」的な内容が多く含まれているのである。さらに、これらの教育的機運を受けて、造形教育センターと色彩教育研究会が編者となり『色彩と構成1 2 3』(日本色彩社)〔図63〕という学習参考と教師用指導書を発行した。これらの書籍は、題名からも理解できるように、現在のベーシック・デザインのような内容が分かりやすくまとめられており、学校教育における新しい色彩と構成学習の在り方を具体的に提示している点が魅力的である。その後、このような色彩の学習に関する書籍が次々と発行されていくことになるが、それらのベースとなった著書の一つに、勝見勝編の『河出新書・生活と色彩』（河出書房、昭和三十一年）がある。この書籍の執筆者は勝見勝、桑澤洋子、塚田敢、林健造で、四人共に造形教育センター会員であり、林健造以外は桑沢デザイン研究所の教育スタッフでもある。勝見は、この著書の序文で次のように述べている。

近頃の小・中学校の造形教育なども、もう昔のように、図画や工作の技術だけが、うまくなることを目標とはしていない。図画にせよ、工作にせよ、ひとりひとりの子供の持って生まれた感覚をひき出してやり、感情を豊かに育ててやるための手段と見なされている。（中略）絵画や彫刻の中だけに、色や形の美しさを求めるのは、もはや古い考えである。（＊47 勝見勝編、桑澤洋子、林健造、塚田敢著「まえがき」『生活と色彩』河出書房、一九五六年）

これまで長年ファイン・アート中心であった美術教育を批判し、新しい造形教育の在り方をスマートに示唆している点が勝見らしい。また、塚田敢と山口正城も共著で『デザインの基礎』（光生館、昭和三十五年）という著書を発行している。本書は、どちらかといえば専門学校や大学のテキスト的な専門書で、基礎造形の理論と演習題材が丁寧に解説されており、山口が造形の基礎理論、塚田が色彩の基礎理論を分担執筆している。また、山口は同年に幻の名著として知られている『造形とは？・』（美術出版社）も発行している。一方、塚田はその後、本書を分かりやすく一般向けに書き下ろした『紀伊国屋新書・色彩の美学』(紀伊國屋書店、昭和四十一年)を発行している。

以上のような経緯によって、小、中学校の学習指導要領の内容にデザイン領域が導入され、現在のような造形・美術教育の学習に至ったのである。したがって、造形教育センターは、発足から学習指導要領改訂までの三年間の意欲的な活動が認められ、その結果として、図画工作科や美術科に多大な影響を与えた

図63 色彩教育研究会・造形教育センター編著『色彩と構成』1〜3、昭和三十二年(一九五七)三月
リビングデザイン科卒業式。着席の女性が桑澤洋子。昭和三十四年(一九五九)三月(下)

ことになる。このような造形教育センターの主張した造形主義教育思想を基にした活動は、その後も脈々と継続され、時代のニーズや社会的背景を考慮しながら、さらに新たな造形教育の在り方を追求し続けている。そして、その造形教育センターも発足から五十五年が経過し、造形主義教育の活動も創立六十年に向けて進展期を迎えようとしている状況である。

以上のように、初期桑沢学園と初期造形教育センターの連携による造形ムーブメントは、その後の造形教育界に大きな創造的な渦を巻き起こしたことはいうまでもないことである。それ故に、我が国で最初に「造形」という名称を冠した東京造形大学が誕生したことも、このような造形教育の系譜をたどれば、ごく必然的な流れのように思える。そして、大学の名称が日本芸術大学でも東京デザイン大学でもなく、東京造形大学と名付けられたことは、この両者の連携や教育的動向を考えれば、ごく自然の成り行きだったのかもしれない。

現在の東京造形大学には、全学科全専攻に教職課程が設置されており、中学校教諭美術一種、高等学校教諭美術一種、高等学校教諭工芸一種の三種類の免許が取得できる。さらに、大学院造形研究科造形専攻においては、美術と工芸の専修免許状が取得できる。それらの教員養成を所轄しているのが教職課程室である。このような教職課程を担当している教員の中にも多くの造形教育センターの会員がいる。中でも、初期東京造形大学で教職課程のベースを築き上げた熊本高工（註13）は、造形教育センター設立委員でもあり、日本の造形・美術教育の巨匠でもあり、第十代の委員長（一九七五年）でもあった。また、その熊本の意志を受け継いだ稲垣達弥は第十五代委員長（一九八五年）であった。さらに、筆者の春日明夫（前教職課程室長）は第二十四代委員長（二〇〇三年）、同じく小林貴史（現在の教職課程室長）は第二十六代委員長（二〇〇六年）、非常勤講師の辰巳豊は第二十五代委員長（二〇〇五年）、小泉薫は第二十七代委員長（二〇〇九年）を歴任し、それまでの歴代委員長や会員が築き上げてきた造形教育思想を継承し続けている。そして、桑沢デザイン研究所においては、高橋正人が初代委員長（一九五三年）、真鍋一男が第

現在の桑沢デザイン研究所 渋谷校舎

現在の東京造形大学 造形広場

註13 熊本高工、一九一八～二〇〇八年、山梨県生まれ、東京府青山師範学校、早稲田大学専門学校政治経済科、東京教育大学教育学部芸術科構成専攻卒業、お茶の水女子大学講師、女子美術大学助教授を経て一九七四年に東京造形大学教授・教務部長、その後岡山大学教育学部、上越教育大学教授を務め一九八七に定年退官する。師範学校卒業後一九五五年まで東京都公立小学校教諭を務める

八代委員長（一九七一年）、高山正喜久が第九代委員長（一九七三年）を歴任している。また、東京造形大学の卒業生の中では、大澤晃が第二十三代委員長（二〇〇一年）を歴任している。造形教育センターでは、一九五三年の創立から現在まで二十七人の委員長を任命しているが、その中で桑沢学園関係者が一〇人も委員長を歴任している。このことを一つ取り上げてみても、桑沢学園と造形教育センターとの相関関係が非常に強いことが理解できるのである。

121　週刊新潮

墓碑銘

デザイナー桑沢さんの『作品』と『経営』

運動機能を支配する小脳が萎《い》縮する〝小脳性変性症〟は、「治療の方法もない原因不明の病気」とされている。この〝難病〟におかされて、四月十二日、東京・杉並区浜田山の自宅で亡くなった桑沢洋子さん(六六)は、「手や足だけでなく、声帯まで不自由になりながら、先月末まで、『桑沢洋子の服飾デザイン』(婦人画報社刊)の手直しを続けていた」という。

桑沢さんは、東京・神田のラシャ問屋の六人姉妹の五番目に生れた。やせて無口な少女で、水泳とランニングが得意だった。旧制神田女学校に入学して間もなく両親が死亡、次女の君子さん(現在七十五歳)が、洋裁店を開いて妹たちを育てることになった。君子さんは「洋裁店だけでは生活できない」と、円タクの〝女性運転手第一号〟となり、その後、タクシー三台を持って男の運転手を雇った人である。

昭和七年、女子美術専門学校(現・女子美術大学)洋画部を卒業した桑沢さんは、銀座の『新建築工芸学院』に入り、ここでバウハウスと呼ばれるドイツ生れの造形運動を知った。〝機械技術と芸術との総合を理想とし、建築、絵画、工芸の機能的で明快なデザインを重視する〟この運動の影響を受け、「単なる服装だけではない、造形美を志すようになった」という。デザイナーの伊東茂平、亀倉雄策、建築家の谷口吉郎、吉田五十八氏らとの交流もこのころから始まった。昭和十一年から東京社(現・婦人画報社)で服飾デザインを担当。写真家の田村茂氏と結婚して、十六年、銀座に『桑沢服装工房』を開店した。

「いまの注文服は一部の金持のためのものでしかない。私は働く女性のための服をつくりたい、というのが、彼女が工房を開いた動機でした」と、東京社の当時の同僚の一人がいう。「働く人のために、などというものだから、〝左翼〟ではないかと、特高警察に目をつけられたこともありました。しかし、彼女と会ってみたら、思想的には何もなく、ただ、江戸っ子的心情が、〝金持ばかりの……〟という発想になっていることを理解してくれたようです」

「彼女の考え方が世間に本格的に受け入れられたのは、やはり、戦争が終り、田村さんとも離婚して、独身で活躍し始めてからでしょうね」と近親者はいう。離婚の原因は、田村氏によれば、「これからお互いの仕事を生かすために、それぞれの好きな道を一人で歩いていこうと話し合ったからですよ」

以来、桑沢さんは、女性の野良着の改良をはじめとする〝生活の中の着衣〟を発表しながら、服飾デザインの啓蒙《もう》運動に奔走した。

女子美術短大の講師(のち教授)にもなったが、みずから、〝日本のバウハウス〟を目指して、『桑沢デザイン研究所』のほか、『桑沢デザイン工房』『桑沢学園』『東京造形大学』を設立。

「せっかちで、頑固者だが、金もうけの下手なサッパリした性格」を愛する友人たちなどから借金してつくった工房や大学だから、「経営は苦しかった」と桑沢学園の気賀健三理事長(慶大名誉教授)が語る。

「学校の設備も不十分だし、職員の給料にも不自由するという具合で、まさに息もたえだえの時代もあったようです。いまはいくらかよくなったが……」

ふだんは、質素で簡単な洋服を着て、浜田山の家に、姉の君子さん、弟子たちと暮していたが、「和服も好きで、ほっそりとしているから、よく似合った」という知人もいる。

「デザイナーでありながら一種の舶来嫌いで、外国に行きたがらず、大好きなタバコ、ウイスキーも国産品を愛用していた」(桑沢学園・高松常務理事)桑沢さんだったが、そろそろ足の不自由になった四十三年、「私が一度出かけないと、学校の若い人が行きにくいから……」といい、ヨーロッパ旅行を一回だけした。——帰国後、造形大でも「授業料値上げ反対」の学園紛争が起り、「学長として、桑沢さんは積極的に学生の説得に当った。その疲れから、すっかり健康を害して、学長、理事長も退くことになりました」(気賀理事長)

それでも、「本当の造形というものを教える教科書をつくりたい」という〝執念〟を燃やし、四年前から原稿を書き始めたが、足だけでなく、手も不自由になったため、口述筆記を続け、やがて、その声も出なくなった。婦人画報社では、「何回もダメを出されるので、二月の発売予定が大きく遅れてしまいました。ようやく十二日朝、見本刷りをお届けしたとき、すでに視力もほとんどなく、間もなく息を引きとられました」という。十四日の密葬のとき、この〝最後の作品〟は、柩《ひつぎ》に納められた——。

「墓碑銘」「週刊新潮」昭和五十二年(一九七七)
四月二十八日号 一二一頁

おわりに

本書では、「造形教育運動と桑沢学園―普通教育における造形ムーブメントの変遷―」と題して、桑澤洋子が創立した初期桑沢デザイン研究所と初期東京造形大学が小・中学校や高等学校の普通教育に与えた影響等を、造形ムーブメントという観点から考察してきた。元々本書を執筆した動機は、このような重要な事実を本学園（桑沢学園）の教職員や卒業生の一部を除いてほとんど知られていない現状に危惧したからである。また、本年度は桑沢学園の創立者である桑澤洋子の生誕一〇〇年に当たる記念すべき年でもある。さらに、来年度は東京造形大学創立四十五年、そして六年後には五〇周年を迎える。このような節目の重要な時期に、桑沢学園の「造形教育思想史」をまとめることは、今後の桑沢学園の発展のためにも重要な意味をもつと考えたからである。

ところで、東京造形大学には、「三色の旗」に建学の精神を託込めたシンボルカラーがある。その三色とは、向かって左側から「青・赤・緑」の順になっており、入学・卒業式等の行事に掲揚されている。また、三台のスクールバスの色もその三色を基調色にしている。しかし、この三色の旗の由来が未だに曖昧な点が多く、創立期から勤務している教職員や学生たちもこの意味と由来を知らないままの状態である。たとえば、「東京造形大学広報57」（一九九二年発行）に当時の海本健学長が、「本学の3本の旗は、新しい時代の光に向けて、はためいて欲しいと思います。何故なら、この赤・緑・青の三色は、あらゆる色を作り出すことのできる色光の3原色、R・G・Bの色に関連の深い色だからです。この3色の旗の由来は、本学の創立者であった桑澤洋子先生が、この大学の未来を予測し、その将来をシンボライズする色として選定し、開学の時から使用して来たものです」と述べている。また、同じく元学長であった豊口協先生（現長岡造形大学学長）は、「街づくりのための物づくり」という講演（二〇〇一年七月）において、「元町を変えていくためのキーワードをモニュメントに表現したい。光の時代だ、光の鳥フェニックスをモニュメントにし、光の三原色、赤・青・緑の3色の光がそれを支える形。（中略）もう一つはお客様への感謝を表す。感謝と尊敬と義務この3本の柱を光の3原色に託して街づくりをしていきたい」と述べている。この二人の学長は、ほぼ同様な趣旨の話を述べているが、共に赤・青・緑の三原色の順に説明している。しかし、開学当時の本館校舎のカラー写真には、車寄せの上部の外壁に三色の旗がしっかりと掲揚されている風景がある。その三色の旗の順番をよく見てみると、左から青・赤・緑である。この三色の旗の順番にも、創立者桑澤洋子の建学精神がしっかりと刻み込まれているのではないだろうか。

桑澤洋子が若き頃に川喜田煉七郎の新建築工藝学院で学んだことは度々前述してきた通りである。この学院はバウハウスの予備課程教育の内容を参考にして実践していた。また、初期桑沢デザイン研究所の基礎造形教育も、この教育に準じている内容が多く見られる。このような経緯などから、桑沢デザイン研究所や東京造形大学は「バウハウス流」の教育を行っているとか、「バウハウスを基にした大学」などと言われている傾向がある。しかし、そのような傾向はどのような内容を根拠に言っているのか、また、その傾向がどこまで正しいのか等、実は不鮮明な点も多々あるのである。それより、バウハウスという偉大な名称が勝手に一人歩きしているような感じさえする。

いずれにしても、そのバウハウスのデッサウ校では、「バウハウス・フェスト」や「バウハウス・展覧会」がよく開催されていたと、バウハウスに留学した山脇道子が回想している（山脇道子著『バウハウスと茶の湯』新潮社、一九九五年）。山脇によれば、それらの開催日には正面玄関の脇に「黄・朱・濃紺の三色旗」が掲げられていたと述べている。本学の三色の旗も、もしかしたらこのバウハウスの三色旗をお手本にしたのかもしれないと推測できる。このように、桑沢デザイン研究所と東京造形大学の開学エピソードや教育課程の内容などが、曖昧のままでは責任上決して許されないことになろう。今後の重要な課題の一つとして、さらに継続した分析と考察を行っていかねばならないと真摯に受け止めている。

現在、どこの高等教育機関においても少子化の影響によって、学生確保に四苦八苦している状況だと思われる。また、どの専門学校や大学でも学園の存続は勿論のこと、より良い教育と学園の発展を目指し、あらゆる在り方を模索し、何とか生き残ろうと懸命に努力しており、本学園も同様である。しかし、どのような状況下におかれようとも、それまでの建学精神や伝統を歪めて語ることはできない。それ故に、温故知新という言葉の意味を噛みしめ、それまでの学園の変遷をしっかり見つめ直すことによって、新たな方向性の糸口を見いだすことができるのではないかと考えている。

最後に、本書が桑沢デザイン研究所と東京造形大学に勤務する教職員、そして何よりも一生懸命にデザインや美術を学んでいる学生諸君に対して、彼らの今後の人生の生き方や研究活動に少しでも役立つことを願ってやまない。そして、学園創立者である桑澤洋子先生をはじめ、初期桑沢学園において熱き思いで造形教育の指導と研究に打ち込んだ諸先輩方に対して、心から敬意を表すと共に、本書における研究成果を捧げたいと思っている。そして、何よりも桑沢学園のより良い発展を祈りながらペンを置くことにしたい。

二〇一〇年十一月　春日明夫　小林貴史

参考文献

第一章

・勝見勝『現代デザイン入門』鹿島出版会 一九六五年
・向井周太郎『生とデザイン かたちの詩学I』中央公論新社 二〇〇八年
・杉本俊多『バウハウス その建築造形理念』鹿島出版会 一九七九年
・ギリアン・ネイラー 利光功 訳『バウハウス 近代デザイン運動の軌跡』PARCO出版 一九七七年
・マグダレーナ・ドロステ『バウハウス』TASCHEN
・勝見勝「デザイン教育の系譜―バウハウスの諸相」『造形ニュース』一九八一年一月
・金子一夫『美術科教育の方法論と歴史』中央公論美術出版 二〇〇三年
・五十嵐利治「受け継がれる『バウハウス』体験―仲田定之助をめぐって―」『バウハウスとその周辺I』中央公論美術出版 一九九六年
・仲田定之助「バウハウスを語る」『工芸時代』アトリエ社 一九二七年
・『アサヒグラフ（第四〇巻第一五号）』朝日新聞社 一九三〇年
・川喜田煉七郎 武井勝雄『構成教育大系』學校美術協會出版部 一九三四年
・武井勝雄「創作圖案教育を振興せよ」普通教育テンペラ畫研究會 一九二七年
・「〈座談会〉バウハウスと構成教育」『美育文化（VOL.4 NO.6）』一九五四年
・武井勝雄 間所春『構成教育による新圖画』學校美術協會出版部 一九三六年
・桑澤洋子『ふだん着のデザイナー』学校法人桑沢学園 二〇〇四年
・高橋正人『デザイン教育大系 第一巻 デザイン教育の原理』誠信書房 一九六七年
・宮下孝雄「歐米の工藝動向から日本の生活工藝へ」『今後の圖畫手工教育』初等教育研究會 一九三九年
・霜田静志「革新圖畫教育の指標―維新圖畫編纂内容の観察―」『維新圖畫の研覈』美育振興會 一九四〇年

第二章
・金子一夫『美術教育の方法論と歴史』中央公論美術出版 二〇〇三年
・井手則雄『造形美育論』光の友社 一九五四年
・『グロピウスと日本文化』彰国社 一九五六年
・「勝見勝 一九〇九―一九八三年」『勝見勝著作集 第五巻 随想・年譜』講談社 一九八六年
・『デザインの軌跡 日本デザインコミッティーとグッドデザイン運動』商店建築社 一九七七年
・勝見勝「意匠実験室の一つの試案」『工藝研究I』長谷川書店 一九四八年
・『造形教育センターニュース第一号』～『同 一一九号』
・『造形教育センター二〇年史』一九七五年
・『造形教育センター四〇年史』一九九五年
・『造営教育センター五〇周年史』二〇〇五年
・「造形教育センター」『造形教育の理念』サクラクレパス出版部 一九八五年

第三章
・『東京造形大学本館竣工記念パンフレット』東京造形大学 一九六六年
・『東京造形大学の10年』東京造形大学10周年記念行事企画委員会 一九七七年三月
・『桑沢洋子先生66年のあゆみ』桑沢学園葬パンフレット 一九七七年四月、
・「墓碑銘デザイナー桑沢洋子さんの作品と経営」『週刊新潮』一九七七年四月

＊本年表は本文に記載された内容に基づいて作成した。日本の造形教育運動の動向を桑沢学園と造形教育センターと教育課程を関連づけてまとめたものである。文責：春日明夫

造形教育センター	政治・教育事項	元号（昭和）	西暦
		1	1926
		4	1929
	満州事変勃発、『建築工芸アイシーオール』創刊	6	1931
	満州国建国宣言、『構成教育大系』刊行	7	1932
	ドイツでヒトラーが総督兼首相に就任	8	1933
	第2次世界大戦終結、ポツダム宣言受託	20	1945
	教育基本法公布	22	1947
		23	1948
	新制大学制度実施、東京教育大学構成学設置	24	1949
		25	1950
	日米安全保障条約調印	26	1951
	サンフランシスコ講話条約発効	27	1952
	多摩美術大学開講	28	1953
ワルター・グロピウス来日記念「児童生徒学生構成的作品展」開催（東京芸術大学正木記念陳列館〔5月27～28日〕）	アメリカがビキニ沖で水爆実験を実施	29	1954
造形教育センター創立（総会6月18日）		30	1955
第1回夏の研究会（ウォークショップ）	高等学校に芸術科美術、工芸発足	31	1956
2月例研究会「20世紀のデザイン展」勝見勝解説、3月例研究会橋本徹郎講演、第2回夏の研究会（造形の基礎と理念）	灘尾文部大臣中教審に科学技術教育振興を諮問、美術の時間数削減に反対し「全国図画工作教育振興総決起大会」（東京永田小学校）が開催	32	1957
第3回夏の研究会（桑沢デザイン研究所）、文部省に中学校美術の「要望書」を提出	**小・中学校学習指導要領改訂、図工と美術にデザインという言葉が入り中学校が美術科に変更**	33	1958
第2回全国児童デザイン展（池袋三越）、第4回夏の研究会（教育大）講演浜口隆一		34	1959
世界デザイン会議・教育部会に参加（4月）	高等学校学習指導要領を文部省の官報で告示	35	1960
月例研究会「ウルム造形大学について」向井周太郎、第8回夏の研究会、教育大附小	第16回全国造形教育大会（東京〔8月〕）	38	1963
InSEA パリ大会に熊本高工を団長として参加（5月）、第9回夏の研究会（札幌市）	東海道新幹線開通、東京オリンピック開催（10月）、デザインディレクターに勝見勝就任	39	1964
第17回 InSEA 東京会議参加（8月）	文相小・中学校教育課程改善策を教育審に諮問	40	1965
第10回夏の研究会（東京教育会館〔8月〕）	美術教育振興全国総決起大会（九段高校〔2月〕）	41	1966
第11回夏の研究会（横浜市〔8月〕）	教育課程審議会が小学校教育課程改訂答申	42	1967
第12回夏の研究会（学芸大竹早小〔 8月〕）	昭和46年度実施小学校学習指導要領告示、7月教育課程審議会中学校教育課程改善方策を答申	43	1968
第13回夏の大会「造形教育の確立」（浜松市〔8月〕）、第25回造形教育センター展開催（銀座松屋 6月）	東京大学全共闘安田講堂占拠、アメリカアポロ11号、12号史上初の月面着陸に成功（7月）	44	1969
15周年記念出版『一問一答造形教育の方法』刊行、第14回夏の研究会（青山会館）	日本万国博覧会開催（3月～9月）、高等学校学習指導要領告示、三島由紀夫割腹自殺	45	1970
第16回夏の研究会「造形教育の今日の課題」（山梨〔8月〕）、第27回造形教育センター展「'71夢と現実の世界にいどむ子どもたち」8月	沖縄返還協定調印、中央教育審議会が学校教育制度の全面改革プランを文部大臣に答申（6月）	46	1971
第22回夏の研究会「造形教育の一貫性」	小学校学習指導要領告示（7月）	52	1972

造形教育運動史年表（桑沢学園と日本のデザイン、教育事項）

西暦	元号（昭和）	日本のデザイン事項	桑沢学園
1926	1	商業美術協会結成（濱田増治、多田北鳥、藤沢龍雄 等）	
1929	4	商業美術研究所創立（濱田増治）	
1931	6	建築工芸研究所創立（川喜田煉七郎）	
1932	7	新建築工芸学院創立	
1933	8	ブルーノ・タウト来日（工芸指導所嘱託）	
1945	20	工芸学会設立	
1947	22	洋裁ブーム到来	
1948	23	日本デザイナークラブ結成（桑澤洋子 他）	多摩川洋裁学院開校（桑澤洋子学院長就任）
1949	24	東京芸術大学創立	
1950	25		桑澤洋子「K・D 技術研究会」（多摩川洋裁学院内）発足、「K・D ニュース」第1号発行
1951	26	レイモンド・ローエー来日、日本宣伝美術会結成（第1回日宣美展）	
1952	27	日本インダストリアルデザイナー協会設立	
1953	28	デザイン学会設立	桑沢デザイン教室開設
1954	29	グロピウスとバウハウス展（国立近代美術館〔5～6月〕）、国際デザイン協会設立（勝見勝 他）	**桑沢デザイン研究所創立（青山校舎）**、ワルター・グロピウス夫妻来校
1955	30	銀座松屋グッドデザインコーナー開設	桑沢デザイン工房設立（代表 桑澤洋子）
1956	31	第1回グッドデザイン展開催（銀座松屋）	第1回桑沢デザイン研究所公開展開催
1957	32	通産省「グッドデザイン」制度制定、20世紀デザイン展開催（国立近代美術館）	学校法人桑沢学園設立、桑沢デザイン研究所教育シンポジウム開催、国際文化会館（勝見勝、石元泰博、山口正城、河合正一）
1958	33	日本室内設計家協会設立、通産省貿易振興課にデザイン課設置	**桑沢デザイン研究所渋谷校舎へ移転**、桑澤洋子第3回ファッションエディタークラブ賞受賞
1959	34	国際デザイン協会をグッドデザインコミッティーと改称	橋本徹郎2月急死、桑沢デザイン研究所において告別式
1960	35	世界デザイン会議開催（大手町産経ホール）	桑沢デザイン研究所校舎第1次増築
1963	38	グッドデザインコミッティーを日本デザインコミッティーと改称、間所春逝去	桑沢デザイン研究所創立10周年記念行事
1964	39	日本レタリング協会発足、第1回学生デザイン会議開催	KDS 広報第1号発刊、桑沢学園八王子町3丁目に校地を購入（総面積42,386㎡）
1965	40	第1回インダストリアルデザイン会議開催	東京造形大学1号館完成
1966	41	日本デザイン団体協会発足	**東京造形大学開校（桑澤洋子学長就任）**
1967	42	帝国ホテル取り壊し、リカちゃん人形発売	東京造形大学教職課程認可、第2期入学165名
1968	43	ウルム造形大学閉鎖	桑沢デザイン研究所創立15周年記念行事、東京造形大学2号館アトリエ、3号館工房竣工、第3期入学199名
1969	44	ワルター・グロピウス逝去	東京造形大学デザイン学科に室内建築専攻を設置、第4期入学248名
1970	45	日宣美解散	桑沢全共闘ハンスト バリケード封鎖、東京造形大学第1回卒業生106名
1971	46	バウハウス創立50周年記念「バウハウス展」開催（東京国立近代美術館）、産業構造審議会「量から質へ」のデザインの必要性を答申	東京造形大学デザイン学科グラフィックデザインの専攻名をビジュアルデザイン、写真を映像と変更
1972	52	山口小夜子『ニューズウィーク』誌で世界のトップモデルになる	東京造形大学創立10周年記念行事3月20日に開催、10周年記念誌『東京造形大学の10年』発行、桑澤洋子学長4月12日逝去（享年66才）、4月25日に葬儀・告別式を桑沢デザイン研究所で挙行

略歴

春日明夫　Akio Kasuga

一九五三年生まれ。東京造形大学造形学部美術学科絵画専攻卒業、群馬大学大学院教育学研究科修士課程修了、日本大学大学院芸術学研究科芸術専攻博士後期課程修了、芸術学博士。国公立の中学、高等学校美術科教諭を経て現職。専門領域は造形教育学、基礎造形学、造形教育史学、人形玩具学。文部科学省『中学校学習指導要領解説美術編』作成協力者、『小学校図画工作教科書』監修者、『中学校美術科教科書』代表著者を歴任。主にキッズサイズデザインの観点から玩具や遊具、インテリアや環境等、子どものためのデザインについて研究中。また、世界の木製玩具の収集家でもある。著書には『玩具創作の研究・造形教育の歴史と理論を探る』(日本文教出版)等多数。美術科教育学会、玩具福祉学会、造形教育センター等会員。現在東京造形大学教授。

小林貴史　Takashi Kobayashi

一九六一年生まれ。東京学芸大学大学院教育学研究科修士課程修了。国公立の小、中学校教諭を経て現職。専門領域は、造形教育学。これまで、造形活動における関係性をテーマとして、「もの」や「こと」のとらえとそこに働く想像力について研究を進めてきた。また、造形教育活動への学生参加の実践をもとに、社会における造形教育の可能性を探っている。『小学校図画工作科教科書』の編集、執筆に携わる。著書『よくわかる図画工作科「評価」のしかた』(開隆堂出版)、『図工の授業をデザインする』(東洋館出版社)他。所属研究団体は、美術科教育学会、大学美術教育学会、美術教育連合、造形教育センター、造形授業研究会等。現在、東京造形大学教授。

桑沢文庫 9

桑沢学園と造形教育運動
——普通教育における造形ムーブメントの変遷

2010 年 11 月 25 日　第 1 版第 1 刷発行

著者——————春日明夫
小林貴史

発行者—————小田一幸

発行所—————学校法人 桑沢学園
〒 192-0992　東京都八王子市宇津貫町 1556
TEL 042-637-8111　FAX 042-637-8110

発売元—————株式会社 アイノア
〒 104-0031　東京都中央区京橋 3-6-6 エクスアートビル
TEL 03-3561-8751　FAX 03-3564-3578

印刷・製本———凸版印刷 株式会社

ブックデザイン——長尾信

ISBN978-4-88169-168-7 C3370